未完成

西岡德馬

幻冬舎

未完成

装丁　田村　梓(ten-bin)
編集協力　伊藤　和弘
カバー写真　植　一浩
DTP　美創

まえがき

演劇は祭りだ、奉納祭り。

広場に人が集まり神に祈って、櫓《やぐら》を組み、囲む。

その上で歌い、踊るのが役者だ。

二〇二四年の秋、私は七十八歳になった。幼い頃、小児喘息で苦しんだ時期もあったが、それ以外は大病もせず、よくぞここまでこの肉体が持ってくれている。俳優はまず体力だ。この肉体がなければ何も表現出来ないし、自分が現場に行かないことには何も始まらない。この身一つだ。替えは利かない。

映像の仕事の場合は多少スケジュールの変更は聞いてもらえるが、舞台のようなライブでは大怪我でもしない限りそうはいかない。俳優は、昔から親の死に目にも会えない仕事と言って戒められている。当然ながら、ちょっと熱が出た、喉が痛い、歯が痛い、頭が痛い、その位なら休むことなど出来はしない。兎にも角にも、元気な身体《からだ》。それがあって、さあそこからだ、役作りは。

文学座の初舞台は稽古中にアキレス腱を切ってしまった先輩俳優の代役だった。急遽《きゅうきょ》呼ばれて、初日まで一週間足らずだったが張り切って稽古した。ところが何ということか初日前夜、今度は私が左足を骨折してしまった。青天の霹靂とはこのこと、初舞台はお預けとなった。

事の顚末はこうだ。初日前日の稽古が深夜まで続き解散になった後、終電に乗り遅れるぞと、みんなで信濃町の駅めがけて大急ぎで走ったその時に、ガードレールとガードレールの間に張ってあったロープに足が引っかかり、身体が一瞬宙に浮いて道路に叩きつけられた。暗がりでロープが見えなかったのだ。左膝を強《した》かに打った。なんとか起き上がったもののメチャクチャ痛い。仲間の手を借り電車には乗れたが、とても横浜の家には帰ることが出来ない。仕方なく友達のうちに泊めてもらい、氷で冷やしたが腫れ上がって微動だに出来ず一睡も出来なかった。翌朝早く、少しでも動くと激痛の走る足を引きずって病院に行った。レントゲンを見た医者が「あぁこれは見事にお皿が真っ二つに割れているな」と言った。

「ええっじゃあ……今日の初日は？」

「君何言ってんの。はい、ギプス」

こうして、私の初舞台の夢は、左膝のお皿とともに無惨に砕け散ったのである。おまけに三ヶ月固定のギプスまでついて。

そんなスタートだった我が俳優業、以来足掛け五十五年、幸いにして未だ病欠は一度もない。

危うかったのが、三年程前のミュージカルの公演中のこと。朝起きると右腰のあたりがメチャクチャ痛い。三歩も歩けない……！　マズい！　こりゃマズい……!!　これは前にやったギックリ腰とは違う痛みだ。しかし、何としても劇場に行かなければならない。とりあえず患部に湿布薬を貼って、痛み止めを飲み、腰ベルトをギュンギュンに締め、劇場に向かった。こりゃあ前日の休演日にゴルフの練習でボールを打ちすぎたからに違いない。自業自得だと思ったが誰にも言えない。とりあえず共演者達には、「ギックリ腰になったのでよろしく！」と一言添えて舞台に立った。芝居中はそれほど感じなかったが楽屋に戻るとまた激痛が走った。その日以降は相当にきつかったが、なんとか千秋楽までは持ち堪えた。いや、持たせたと言うべきか。

それでも他人から見ると私は相当強靭な体力の持ち主に思えるらしい。

「徳馬さんの体力には感服します！」

若手から言われると「まぁな」と見栄を張る。

名演出家の蜷川幸雄《にながわゆきお》さんに言われた。

「おい徳馬、いい役者達いっぱいいたけど、みんな酒でだめになるなぁ、お前も気をつけろよ」と。

「無事これ名馬」は俳優にも言えるのかと思った。兎にも角にも、なんとかここまで来られたことを、天に感謝している。

「喜」という字を草書体にすると「㐂」となり、十七の上に七が付くことに由来する「喜寿」だが、七十七歳まで生きて来られた証《あかし》、この言葉は実に喜ばしい。

思えば、あっちに行き、こっちに転び、あれに泣いたり、笑われたり、二十一回もの引越しを繰り返し、紆余曲折《うよきょくせつ》している我が人生。その度に受けた数々の指南、ヒント、鍵、アドバイス、啓示。これらを記すことによって、もしやどなたかの生きる力の足しになるかも知れないと、そんな思いから発して、この一風変わった七十八年の我が人生を振り返ってみようかと思う。

目次

第二部

そう、僕は今、熱いライオンです

第三部 もっと上手くなれねえものか

第一部

ここまで来たんだ、やっちまえ！

父親はキザな遊び人

私は、第二次世界大戦が終わった明くる年の一九四六年十月五日、横浜市中区野毛町で、父・西岡榮二、母・昌子の長男として生まれた。本名を徳美《のりよし》という。ちなみに一九四八年二月に弟の義榮《よしひさ》が誕生。二人揃って野毛山幼稚園に通った。横浜港が一望できる丘の上にある、キリスト教の宣教師が作った「チャーチ・オブ・クライスト」という宗派の幼稚園だった。弟の身体が大きかったせいで、ほぼ年子なのに双子のように育てられた。

両親は二人とも横浜の馬車道が通る常盤町の生まれで、家もお隣さん同士という、昔ならではの組み合わせだった。しかし母によると、仲人さんに勧められて結婚を決めるまでお互いに顔は見て知っていたが、話をしたことは一度もなく「キザで嫌な奴と思っていたわ」とのことだった。

その父はまさに母の言葉どおりのキザ男の遊び人であったらしい。「西岡印刷」という小さな印刷所の次男坊の分際で、髪型はびっしりとオールバックでキメ、真っ黒のオーバーコートに真っ白の絹のマフラー姿で、山下公園のベンチに足を組んで座り、カメラ目線でニヤリとしている写真とか、ハンチング帽をかぶり乗馬ズボンに長靴を履いて馬に跨《また》がり、上品そうに気取ったポーズの古い写真が数枚残っている。他にも、野球、ビリヤード、スキー、アイススケート、そして、もちろん飲む、打つと、遊び人を謳歌していたようで、私が小学生の頃、伊勢佐木町を一緒に歩いていた時、行き交う地元の人がみんな「ああ西岡さん、こんにちは」と挨拶をしてくるので「お父さん、知り合いが多いね」と言うと「当たり前だ、伊勢佐木町で西岡を知らなきゃモグリだ」と嘯《うそぶ》いていた。

殊《こと》にファッションのことになると、とてもうるさくて、出かける前は鏡に向かってモデルよろしく、あっちの角度こっちの角度からファッションチェックに余念がなかった。「俺が若い頃は、港に外国船が入ったと知るとすぐにスケッチブックを持って飛んで行って、下船する外国人の服装をチェックして気に入ったものがあれば、その場で描いて馴染みの洋服店にすぐに持って行って、これと同じものを作ってくれと注文して、誰よりも早くそれを着ていたもんだ」と、得意げに話していた。

まあ当時の横浜の港はファッションだけでなく、外国からの情報の宝庫であったから、あの写真を見るとあながち法螺話《ほらばなし》とも言えない。現に、私の子供の頃、自家用車で銀座まで行き、背広、ワイシャツはもとよりパジャマまでオーダーメイドで作っていたくらいだから、そりゃあ半端ではなかった。改めて思い起こすと、私のファッション感覚は、やはり父親譲りなのかとも思う。

両親の家がお隣さんといってもその大きさはまるで違った。母の父、安藤竹千代は明治の半ば頃、福島県の会津若松から横浜に出てきた立志伝中の人物だ。十人兄妹の長男でその父親の安藤伝四郎は、かの白虎隊の生き残りで、戊辰戦争の後サーベルを下げた警察官を務めていたという。竹千代は堅い家で育ったが、なんとしても一旗あげたいという思いから単身横浜に出て、まず外国船の船乗りになった。帰国して、なけなしの金をはたいて、コーヒー豆の輸入を始めた。それがとても上手くいき、田舎から弟たちを呼び寄せ手伝わせた。次に外国で食べたオレンジ、バナナ、パパイヤ、マンゴーなどがあまりにも美味しかったので、この果物を日本の人にも食べさせたいと輸入を始め、安藤商会を起こした。これが大当たり！

ついには、果物業で初めての宮内省の御用達にまでなった。常盤町の一角に大邸宅を構え、そこにお相撲さんや芸者さんを呼んで毎晩のように宴会を催したようだ。一時は横浜市の納税額ナンバーワンになり、山手の高台にあった根岸競馬場の筆頭株主にもなり馬も三、四頭持っていて、その競馬場で走らせたりするお大尽様になった。母・昌子はそんな父の最高に羽振りが良い時代の一九二二年に生まれた。子供の頃は美味しい果物がいっぱいの贅沢三昧の生活だった。家に大きな冷蔵庫があっても、果物の量が多すぎて手いっぱいになり、「陛下に三日も四日も経ってしまったものを献上することは俺には出来ない」と、仲間の千疋屋さんに宮内省御用達の看板を譲ったのだ。

父・榮二と母・昌子

昭和に入ると世界中の経済がおかしくなり、ついには世界恐慌が起こり、順風満帆だった祖父・竹千代の生活にも陰りが出てくる。満州事変以降、コーヒーも果物も輸入が制約され、もうこれ以上続けられないと、断腸の思いで会社を畳んだ。

そんな中で父母は結婚したのだ。結婚式六日後の一九四一年十二月、日本は太平洋戦争に突入し、父も兵隊にとられていった。そして四年後、終戦の三ヶ月前の一九四五年五月二十九日、横浜は米軍による大空襲を受け、全ての栄華は焼き払われてしまったのだった。しかし幸いにして命だけは皆無事であった。

軍隊から戻った父は、身体は元気いっぱいだったがやることがなく、戦前コーヒー豆を扱っていて上手くいっていたのだから、また輸入業をやろうと母の父に相談をしたが、義父からはもうやる気がないと断られてしまった。仕方なく、野毛の柳通りの角で「ＡＢＯ」という名の喫茶店を始めた。父の名前が榮二なので、あだ名の「えーぼう」が由来だったと後で知った。喫茶店といっても割烹着姿の母が淹《い》れるコーヒーと僅かな飲み物だけ、そんな頃に私は生まれた。

その珈琲店の二階に毎日のように父の遊び仲間が来ていて、生まれたばかりの私の傍《そば》で、タバコをバカバカ吸いながら麻雀をやる父を母が見かねて「そんなに麻雀が好きなら麻雀屋でもやったら」と怒ったらしい。すると父は「ああ、それもいいかもしれないな」と本当に雀荘を始めたのだ。まだ一歳にもならない私を雀卓に座らせ、麻雀牌を握らせている写真が今でも残っている。まずまず繁盛した麻雀屋だったが、そこへまた、誘惑の声が入った。今度は金融業に手を出したのだ。映画好きの方は覚えているだろう、一九七九年角川映画にもなった「狼は生きろ、豚は死ね！」のキャッチコピーを。高木彬光《たかぎあきみつ》原作『白昼の死角』の世界だ。多分、闇金融に近かったのだろう。知人が「金港相互」という会社を作り、そこの会社の専務にするということで、乗せられた。雀荘は一夜にして金融会社の事務所に変わった。この仕事も初めの内は順調に運び、羽振りもすこぶる良かった。それで少し調子に乗ってしまったことは否めない。あの当時に、幼稚園に行く私たち兄弟を、若い社員の運転する車で送り迎えさせていたこともあったくらいだから。

そんな父だが子煩悩だったことは確かで、休みの日になると野毛山動物園はもちろんのこと、鎌倉、金沢八景などに海水浴にも行った。父は泳ぎもうまくて、よく背中に乗せて泳いでくれた。大雪が降った時など、野毛山にスキーを持ち出し自分の履いているスキー板の上に私を立たせて、優雅に滑ってくれた。父を尊敬したハシリだったかもしれない。

しかし、そんな悠長な生活も長くは続かなかった。東京で同業の街金が一つ潰れたというニュースが入ったとたん、こちらにも飛び火して債権者が一斉に押し寄せ、あれよあれよという間に「金港相互」は倒産した。

一九五三年春、倒産前から東横線の綱島に建築中だった家が完成して私たち一家は野毛を引き払い、そこに引越しをした。近所では珍しいモルタル造りで、壁面が薄ムラサキ色の超モダンな一軒家だった。私はこれまで二十一回の引越しを繰り返しているが、思い返せばこの時が記念すべき第一回だったのだ。

この綱島の土地は母の父、竹千代がまだ裕福だった頃、お金に困っていた農家の人から、千坪近くを買っていたものだった。そこは鶴見川と早渕川の合流地点の脇にあったが、買いとってすぐに土手拡張工事のため、ほとんどタダ同然で建設省に半分も召し上げられたと残念がっていた。しかし後に「この土地があって良かった、人助けはしておくもんだなぁ」としみじみ語っていたのを子供ながらに覚えている。かつて栄華を誇ったお大尽様も、今や野良着をまとって畑を耕す好々爺《こうこうや》となっていたのだ。

金融会社が潰れた後、父は伯父が引き継いでいた西岡印刷に専務という肩書きで戻った。伯父の代になっていた会社は、すでに馬車道を離れ伊勢佐木町のはずれにあった吉野町に移っていた。県庁や市役所から出る仕事が多くなり、従業員も三、四十人はいたように思う。横浜では大手の印刷会社に成長していたのだ。伯父のほうもかなりの遊び人で、ちょっと太っていたが、なかなかの色男。戦争前には社交ダンスの全日本チャンピオンになったこともあり、会社の隣の自宅の応接間にはダンスを教えるスペースがあった。もしかすると父の遊び方は、その兄の影響が大きかったのかもしれない。

それにしても兄弟揃ってよく酒を飲んでいた。殊にうちの父は毎晩のように、お得意さんと飲んでいるのか、友達と飲んでいるのか分からなかったが、だいたい酔って、帰りはいつも午前様だった。母は、その飲み方をとても嫌がっていた。今だから話せるが、オートバイやら車やらで横浜市内の中心部まで通っていたにもかかわらず、帰りは大概ヨッパライ運転だった。帰宅して玄関でそのまま倒れこみ動けないこともしばしばだった。それでも不思議なことに朝は必ず遅刻せずに出て行くのだから、それに

幼少の筆者（右）と弟（左）

は感心した。

コカ・コーラとチョロチョロ

私が幼稚園に通っていた頃は、まだ日本が占領下だった時代で、あちこちで進駐軍のアメリカ兵の姿を見かけた。彼らが乗っているバスの後ろには、必ず茶色いビンのケースが置いてあり、それを彼らは美味しそうにラッパ飲みしていた。「なんだろう、あの茶色い飲み物は？　ボクも飲んでみたい！　おいしいのかな？」と言ったら母に「あんなの薬臭くて飲めないよ」とはぐらかされた。だが、後日父がコッソリ飲ませてくれたコカ・コーラは、サイダーやラムネしか知らなかった子供からすると不思議な味だったが、甘辛くて美味しかった。

まるで双子のように育てられた兄弟は、どこに行くのも何をするにも一緒で、弟のことを「よっちゃん」、彼は私のことを「ノリちゃん」と呼び合ったが性格はまるで違った。母から言わせると、私はチョロチョロ落ち着きのない子で、よっちゃんはデンと座って動かない子だったらしい。身体も生まれ付き義榮のほうが大きかった。それと仲の良さは今でも変わらない。

私の落ち着きのないチョロチョロを直そうと、誰に勧められたか知らないが、バイオリンを習いに行かされたことがあった。一、二度レッスンに行ったが、ジッと座って順番を待つことも出来ない。「借りている楽器だから本人も真剣にならないのだ。ちゃんとしたのを買ったほうがいい」と先生に言われて、銀座のヤマハ楽器店まで買いに行き、一番小さなバイオリンを購入してレッスンに通ったが、私のチョロチョロは一向に直らなかった。母は泣く泣く諦めて「高かったんだよ、あのバイオリン」と言われたが、幼稚園に入ったばかりの子に通じるはずもなかった。

小児喘息の日々

幼稚園に入る少し前の秋口からだったと思う。私は突然呼吸困難になって喉がゼイゼイする日が続いた。近所の医者に行くと、小児喘息だと言われた。とにかく息苦しい、息を吸うことが出来ない。寝ていなさいと言われても苦しくて寝ていられない。横向きや起き上がっている体勢だとまだ少し楽なのだが、上向きに寝るのは耐えられない。

「死んだほうがいいよ、もう死んだほうがいいよ〜」と泣いた。

母のほうが泣きそうな顔でずっと背中を擦《さす》ってくれていた。

東京の昭和医大に喘息の分野で権威のある先生がいるからと紹介されて通った。吸入器を買い薬を吸いこんだり、ドイツのゾルゲン（という名だったと記憶している）という新薬を飲まされたり、ゾルガナールという高い注射も打ったりした。物入りだったと思う。

夜中に発作が起きると、よく母の背におぶさって、外を歩いてもらったのを覚えている。その時、歌をうたってくれた母の声、夜中に行った医者の待合室にあった柱時計のカチカチという音、今でも思い出すと胸が痛い。この喘息との付き合いは大学を卒業するくらいまで続くのだ。

小学生で池部良、岡田茉莉子と共演

幼少時に楽しかった思い出といえば、映画好きの両親に連れて行かれた映画館だ。まぁ、映画を観るというより寝かしに連れて行かれたというほうが正しいかもしれない。映画館に入ってサイダーでも飲ませておけば、暗くなりゃあ子供はすぐに寝てしまうからと、私と弟が日替わりで連れて行かれた。

桜木町駅から日ノ出町駅までの通りにはセントラル劇場、マッカーサー劇場という当時ならではの名前の映画館が並んで建っており、真っ白な建物の前には大きなシュロの木が植えてあって、子供ながら素敵だなあと思っていた。両親とも洋画好きで、父は西部劇、活劇専門だったように思うが、私が覚えているのは、『キング・コング』と『ターザン』。母はもっぱら現代劇が好きで、殊にゲイリー・クーパーの大ファンだった。

母方の従姉妹といっても十四歳も上のタマちゃんが、児童劇団で芝居をしたり、事務の手伝いをしたりしていて芝居の子役を探していた。そこで私に白羽の矢が立った。

「ちょっとノリちゃん、ここからここまで歩いてきて、『どうもありがとうございました』と言っておじぎをしてごらん」と言われてそうすると「うまい、うまい」と褒められ、挙句の果てにはおだてに乗って「東宝児童劇団」というところに入れられたのが役者人生の始まりだ。

小学校に入ってすぐ毎週日曜日になると、東横線で横浜駅に行き、京浜東北線に乗り換えて東京の上中里という駅まで行き、そこから歩いて十五分のところにある幼稚園が稽古場だった。家を出てから一時間半もかかった。初めの二、三度は母が連れて行ってくれたが、あとは一人で行かされた。今思えば私もよく通ったと思うし、親もまたよくやらせたものだ。一九五三年といえばまだテレビも普及していない時代なので、たまに来る仕事は、もっぱら映画ということになる。オーディションでちょっとした台詞としぐさをやらされて選ばれ、何本かの映画にも出た。

覚えているのは、東宝映画の池部良さんと岡田茉莉子さんが主演の『旅路』という時代劇だ。股旅姿の池部さんと岡田さんが並んで土手を歩くシーンで、向こうから風車を手に持って走ってくる子供の役だった。片岡千恵蔵さん主演の『三つ首塔』という映画にも出た。片岡さんが金田一耕助を演じた東映のシリーズの最終作だ。金田一耕助が部屋で捜査中、近くで野球をやっている少年の一人がガラスを割って入ってしまったボールを追って「おじさんボール取っておくれよ」と声をかける役をもらった。

当時のスーパースターの力道山さんが出演していた日活映画にも出たことがある。昼休み中、上半身裸で両手のダンベルを上げ下げしている国民的ヒーローが眩しかった。

小学校三年生の時に私は初めて、タイトルに名前が出るような大きな役をもらった。それは全国農村映画協会が制作する、出来たばかりの農協に入りましょうという趣旨の映画だ。『嫁が来てから』というタイトルだった。

母一人、子供が五人の農家に起きる話で、私は一番下の子の役。長野県伊那市の古い農家を一軒借り切って一ヶ月にわたるロングロケが行われることになった。夏休みが終わって秋になっていたが、私は学校を休んで参加した。撮影の合間には牛舎の牛に餌をやったり、鶏を追いかけたりして楽しかった。演技も監督に褒められて嬉しかった。中でもとりわけ覚えているのは、兄弟でハーモニカを取り合うシーンだ。私がハーモニカを吹く順番を待って、「お兄ちゃん早く早く～っ」と身体を動かして催促する芝居をしていると、若い助監督が「ノリちゃん、おしっこに行きたいんだったら行っといで」と言った。すると監督が横から「バカ、今いい芝居してるんじゃないか、お前には分からないのか」と怒鳴った。

「この監督はよく分かっているなぁ」と私は子供心ながら、この今泉さんという監督が好きになった。

ロケは順調に進んでいたがある日、例の喘息の発作が起きた。宿舎にしていた旅館の廊下で、どうしたらいいかと母に電話をしていた児童劇団のマネージャーのおじさんが電話の後、面倒臭そうに病院に連れて行ってくれた。そして、私の出番の撮影は三日間も中止になった。子供ながら僕のせいで皆に迷惑をかけてしまったという罪悪感を持った。

全ての撮影が終了して家に帰ると、私は両親に、「もうやりたくないからやめる」と告げた。「何で?」と聞かれたが深くは追及されなかった。喘息のこともあるが、実は例のマネージャーのおじさんが、「息子の喘息のせいで撮影を中断させて申し訳ないからスタッフの皆さんに何か差し入れを」と、親が送った何某《なにがし》かの金をくすねて、一人で飲みに行ったりしていたのを知っていたのだ。が、親には申し訳なくて言えなかった。

ちなみにその映画の配役は、母親役が原泉さん（詩人で作家の中野重治さんの奥様）で、長男が鈴木昭生さん、次男が小林昭二さんだったと後になって分かった。新劇界の大先輩たちだった。文学座に入ってその原泉さんとNHKのドラマでお会いした。お年を召していらしたし、ちょっと厳しそうな方なので恐る恐る「原さんあの一二十年前の『嫁が来てから』という映画、覚えていらっしゃいますか？」と質問すると、「覚えてるわよ、今泉ちゃんが監督でね、いい映画だったけど、あの時は喘息の子がいてね。可哀そうで大変だったわ」と仰《おっしゃ》ったので、「その喘息の子、僕です」と言うと、原さんは大いに懐かしんでくれ、「それで喘息のほうは大丈夫かい」と尋ねてくださった。優しいおばあちゃんだった。小林さんには『ゴジラVSキングギドラ』という映画でお会いして、「あれは君だったのか」と、やはりとても懐かしんでくれた。

児童劇団の三年間で、少しだけ大人の世界を垣間見た気がした。いい役をもらった直後だったので、「ここでやめてしまうのはもったいないですね」と、児童劇団の方から言われたが、「もうやりたくない」とそれしか口にしなかった。

もしあのまま子役を続けていても今のような俳優にはなっていなかったのではないか。ちやほやされて増長し、鼻持ちならない奴になっていたかもしれない。三年間子役としての経験を積んだ後、一旦演劇から離れたことは結果的に良かったと思っている。自分では演じなくなったものの、映画を観ることは大好きで、地元の綱島クラブという映画館にはよく行った。松竹系のそれほど大きくない映画館で『東京物語』『二十四の瞳』『喜びも悲しみも幾歳月』には子供ながらも泣いた。当時の松竹は人情的文芸作品が多かったように思う。どの映画だったかは忘れたが、連れて行ってくれた母の妹・順子に「順ちゃん、次はマツタケ映画だね」と言って周りの人に笑われた。松竹をマツタケとしか読めない頃だ。後で叔母に「もう、恥ずかしいったらありゃしなかったわよ」と母に告げ口されたが、母はふふふと笑っただけだった。

やはり映画の中でも何と言っても圧巻だったのは、黒澤映画の代表作『七人の侍』だ。観終わってから近所の友達を集めて七人の侍ごっこをやった。もちろん私が三船敏郎さんの役だ。あのテーマ曲は今聴いてもゾクゾクする。私の今まで観た映画の中で一番を挙げろと言われたら、間違いなく『七人の侍』と答えるだろう。

丸坊主のガキ、決意する

中学は隣町の大倉山にある横浜市立大綱中学校に通った。初めて電車通学をするので、最初の定期券は学校側で手配してくれたが、その時にもらった定期券を見てショックを覚えた。名前の西岡徳美の下に赤鉛筆で線が引いてあった。女性にはこの線が引かれるのだ。「えっ、俺は女に間違われたのか……この美しいという字がいけないんだ」。今まで誰にも言ったことはないが、この時以来、命名してくれた父には申し訳ないけれども、徳美という名前が好きじゃなくなった。

中学に入ってまずやろうと思ったことは体力強化だ。私は運動会の時の短距離走には自信があった。運動会に出られた時は必ず一番だった。よく母から「お前は私に似て足が速いね」と、自慢話かよと思う誉め言葉をもらった。しかし、秋の運動会の時期にはちょくちょく喘息の発作が出て、軽い時以外は出られない。だから中学に入ったら身体を強くするのだ。そのことばかり考えていた。しかし野球やサッカーはとにかく走らされるだろう。練習で比較的走らなくてもいいスポーツ、それはなんだ？

もしかすると器械体操ならそれほど走らなくても済むかもしれないぞ、そう思って体操部に入った。

実際、体操部の練習はそれほど走らなくてもよかった。その代わりに、とにかく柔軟と筋力アップだ。腹筋三百回、腕立て二百回。みるみる内に上半身は筋肉の塊になった。しかし、喘息の発作は突然に襲ってくる。気管支は鍛えようがなかった。それでも横浜市の大会とか目標があって頑張っていたが、二年生になり、柔軟体操をしていたある時、不意に三年生が私の背中を思い切り押した。腰のあたりに焼け火箸を押し付けられたような激痛が走った。「この野郎、なんてことするんだ！」と振り返って睨んだが、本人はそんなつもりではなかったように笑っている。その涼しげな顔を見たら、怒る気も失せたが激痛は収まらなかった。以来、ある角度を超えた前屈は出来なくなって、こりゃあこれ以上器械体操は無理だなと判断し体操部をやめた。やることがなくなり、ご多分に漏れず同級生の悪ガキと遊び歩いていた。

石原裕次郎さん全盛の時代で、あの頃の裕次郎さんの歌は全曲歌えるくらい好きだった。あの不良っぽさがたまらなくカッコ良く見えたのだ。『嵐を呼ぶ男』を観た父が家に帰ってきて「おい、久し振りに威勢のいい若いのが出てきたぞ」と興奮して話すのを聞いて、「なんだ、それじゃ不良はお墨付きってことじゃん」とばかりに、高校受験の勉強もせず、調子に乗って遊びに拍車がかかった。

法政二高受験の前の日も、やっぱり遊び歩いて帰ったのが夜の九時。母が「何考えてるの、いい加減にしなさい」と怒ったが、自分じゃもう手に負えないと、珍しく酒なしのしらふで帰って来た父にそのことを告げると、父は寝ていた私の髪を摑んで引き摺《ず》り起こし、「この馬鹿野郎」と言って机の上にあったハサミで私の髪の毛をジャキジャキとめちゃくちゃに切った。「何するんだよ、明日試験なのに」と言いたかったが、言えばブン殴られると分かっているので言えなかった。

父は翌朝早く駅前にある床屋のドアを叩いて店主を起こし「こいつの頭、丸坊主にしてくれ」と頼んだ。床屋さんはびっくりしていたが、何か訳ありだろうと口をつぐんでいた。

生まれて初めての坊主頭で法政二高の試験を受けた。受験票の顔写真と私が違って見えたのか先生から、「この頭はどうしたんだ?」と聞かれた。私は一瞬どう言おうかと迷ったが「野球部に入るつもりですから」と嘘をついた。先生は笑ってうなずき「そうか、じゃ合格したら野球部で頑張りなさい」と言ってくれた。我ながらうまい嘘をついた。というのも、その時の法政二高は前年の甲子園で田丸仁監督の指揮のもと、卒業後プロ野球読売ジャイアンツで一番バッターとして活躍した柴田勲投手を擁した最強チームで夏春の連覇を達成して、全国の野球少年の羨望の的だったから、甲子園で野球をやりたい少年たちが大量に受験に来ていたのだ。

受験日にあんな騒動があったにもかかわらず、幸いにして合格した。

さて高校に入ったら部活は何をしようか。器械体操はもう無理だし、いろいろ迷ったが特別やりたいこともない。私は中学の頃から、割と絵を描くことが好きで、横浜市の展覧会で入選したのを思い出し、美術の先生に相談したところ美術部に来なさいと誘われたが、それを父に言うと「絵描きなんかダメだ、うちを潰す気か」と怒られたが、私にはその意味が分からなかった。「せっかく法政二高に入ったのだから、野球をやったらいいじゃないか」と勧められた。野球は中学で部活こそしていなかったが大好きだった。小学校時代から長嶋茂雄さんの熱烈なファンだったので、「それもそうだな」と妙に納得して、野球部に入ることに決めた。まさか、あの時の試験の「嘘が実《まこと》に」なるとは、と思いつつ。

前言撤回の夏

野球部に入った日、私はびっくりした。さすが前年に甲子園で優勝したチームだけのことはある、なんと新入部員は二百人はいただろう。それが一週間で半分になったが。一年生の中には入学前から野球部に推薦で来ていた連中がいて、何から何まで格段に違う。「ああ、これは無理だな」と思いながらも、なんとなく頑張っていた。ボール拾いとグラウンドの横に立って声を出す日々だった。ある日、食堂で先輩らしき人がいたので「ちわーす。今日の練習は……」と話しかけた。その人はちらっと私の顔を見て「名前は？」と言ったので「西岡です」と答えた。たったそれだけだったが、その日の練習が終わってからの整列で、二年生から「西岡、前へ出ろ」と言われて「はい」と大声で返事をして前に出ると「お前今日、食堂で三年生に口をきいたろう、十年早いんだよ、馬鹿野郎」と言って殴られた。

当時の野球部は、まだ軍隊の名残をとどめていたような躾で、厳しいなんてもんじゃなかった。「厳しいのは分かる。しかしこれは何とも理不尽だ」、そう思った。

ある日、隣の日吉の山までランニングをして、坂の下から二人一組になって一人を担いで歩いて行くというトレーニングがあった。その日は運悪く大きな奴と組んでしまった。山の頂上近くのキツい曲がり角に来て「もうダメだ。お前ちょっと降りてくれ」と言って彼を降ろし、歩いて角を曲がると、ヤバい！ そこには大きな先輩が立っていた。帽子を取れと言われて取ったら、折れたバットのグリップエンドでコツンとやられた。顔をよく見たら三年生の村上雅則さんだった。村上さんは法政二高を卒業して、プロ野球の南海ホークスに入り、その後サンフランシスコジャイアンツに入団した日本で初めての大リーガーだ。後年、ゴルフ場の浴場で声をかけられた。

「西岡さん、村上だよ。俺さ高校でお前のことを殴った？」

「はい一度殴られました」

「いやうちの女房がね、あんたのファンなんだよ。今日のゴルフで一緒になるって言ったら、『あなたあの人のことを殴ったの？ テレビで言ってたわよ。サインもらってきたら許してやる』って女房に言われてさ」

そういえば『徹子の部屋』に出た時に、そんな話をしたかもと思い、

「はい、では私のファンと仰るお目の高い奥様によろしくお伝えください」とサイン

したことは言うまでもない。やっぱり野球部では夏まで持たなかった。どの道、続けてもレギュラーには到底なれない、甘かった、そう思ってやめた。

結果、大正解だった。もう三十年くらい前になるか、サントリーの当時副社長だった佐治信忠さん（現会長）のゴルフコンペがあり、そこで広島カープのミスター赤ヘルとの異名をとった山本浩二さんを紹介された。彼はあのホームラン王、田淵幸一と並んで法政大学の野球部の三羽ガラスの一人。私と同じ年だから当然二高から上がった野球部友達も多く、とりわけ私と一年、二年と同じ組の堀場修と仲良しで話が弾み、今やどちらとも親友だが、紹介されて握手をしながら、初めて「あーやっぱり俺は早く野球をやめて正解」と実感した。手の大きさがまるで違う、彼の手は生まれながらにしてグローブをしていたかの様にデカかった。

しかし退部してからは何もすることがないので、放課後に街をブラブラするようになった。中学時代に体操をしていたせいで、私はとにかく腕力が強くて、腕相撲ではは負けたことがなかった。当時、生徒たちの間で腕相撲が流行《はや》り、私がクラスではナンバーワンだった。昼休みになると隣のクラスの奴らがよく挑戦に来た。教壇の机の上でみんなにはやし立てられながらの勝負。全て撃破した。すると、最後に重量挙げ部のデカい奴が来た。が、そいつにも勝った。やっぱり器械体操の練習の腕立て伏せ、それと鉄棒で鍛えた威力だ。でも、ただそれだけだった。

しかし、当時の私はホントによく喧嘩をふっかけられた。当時の仲間には、「西岡またかよ。まぁお前はいつもフンという顔してるもんな」と笑われた。そうかなぁ。自分のほうからしかけた喧嘩は、今まで一度もない。全て向こうからふっかけてきたものだ。私は、元々弱い者いじめが嫌いで、小学生の頃には、いじめっ子を殴って泣かせたことはある。それは父の教育であり、口癖でもあった「義を見てせざるは勇なきなり」によるものだ。弟がカツアゲにあった時も、「お前が取り返してこい」と父に言われて、取り返しに行ったこともあった。

一度きりの食前の祈り

学生時代に仲良くなった友達の数はやたら多かった。そして、友達になると、皆すぐに我が家に連れてきたくなる。俺の家で一緒に勉強しようと言って呼ぶが、勉強などはまったくせず、ただただ駄弁《だべ》っていた。それに力も有り余っていたんだろう。庭に置いてある鉄の棒の両端にコンクリートを付けた六十キログラムのバーベルまがいのものを何回持ち上げられるか競ったり、十六オンスのボクシンググローブを買い、時計で三分測って、ロープまでは引かないがボクシング風に殴り合いをしたりした。まぁ十六オンスだから、顔を傷つけることもない。しかし、誰か一人は脳震盪を起こし倒れた。

終わる頃には、必ず母が食事を作ってくれていた。その当時、母は料理教室に通い始めていたので、得意になって作ってくれたものだ。殊にハンバーグは好評で、みんなが美味い美味いと食べるものだから、母はますます喜んで作る。その後自慢のハンバーグはどんどんデカくなった。「西岡家の一番の思い出は、お袋さんのハンバーグだな」と高校時代からの友達は今でも言う。私の好きなハンバーグの味は母の味が基準になっているようだ。

母に言われたことがある。「お前は不思議な子だね。うちに連れてくる子は、すごく真面目な子と、すごく不良っぽい子と、両極端だね。普通はいないのかい？　普通は？」と。

何が普通なのか、その基準が私には分からなかった。このことはひょっとすると、今でもそうかもしれない。

ある試験の時のことだった。普段おとなしくてほとんど喋ったことのない隣の席の男が、見回っていた先生に何か言われている。それとなく漏れ聞こえてくる会話からは「お前は何で答案用紙の名前と学生証の名前が違うんだ?」と、そう言われている。そういえば彼は、以前は「山形」だったが最近、「中西」になっていた。彼は黙ってうつむいている。先生はなおも「何でなんだ?」としつこく聞く。「母親が離婚でもして名前が変わったのか?」と言うと、彼は黙ってうなずいた。先生の酷い聞き方に黙ってうなずいた男の顔を見て、俺はコイツと仲良くなってやろうと決めた。それから私は積極的に中西に話しかけた。話をしてみると、結構冗談も言う面白い奴だった。野球が好きで軟式野球部に入っていたが、時々喘息の発作で練習も出来なくなると。喘息持ちと聞いて、またまた親近感が湧き、俺もそうなんだと言うと、じゃあ『喘息友の会』だな」と笑い合った。

彼は東京の富ヶ谷にあるキリスト教の教会から通っていて、なんとそこの教会は私が幼稚園の時に通っていた日本に三ヶ所しかない「チャーチ・オブ・クライスト」という同じ宗派の教会だった。そこの森という牧師さんも以前、野毛山教会にいたというではないか。何かとても不思議な巡り合わせに感じた。

以来、この男・中西郁夫とは親友になった。彼に誘われて、日曜日には礼拝のため教会に行くようになった。ある日曜日、私は少し遅刻して教会に行った。もう礼拝が始まっていて、一番後ろの空いていた席に座った。となりに綺麗な明るいブルーのスーツを着た金髪の外国人の家族がいた。その時は気が付かなかったが、礼拝の終わりに立ち上がって賛美歌をうたったその声に驚いて顔を見上げると、

「えーっ！」

母が大好きなパット・ブーンさんだった。

甘い歌声で、日本でもエルヴィス・プレスリーと人気を二分していたビッグシンガーだ。聞けば日本公演のために来日しているが彼は大変敬虔なクリスチャンで、しかも同じチャーチ・オブ・クライスト宗派だそうで、その教会を探し求めてここに来たらしい。私たちはそれを聞いてますます感激した。

その年の夏、教会の行事で富士山のふもとの本栖湖でクリスチャンキャンプがあるので行かないかと誘われ参加した。総勢三十人ほどで、五人くらいずつのグループに

なって一週間電気もないキャンプ小屋で夜はランプで過ごした。朝は礼拝に始まり午後から聖書研究、賛美歌の練習とまったく初めての体験に、何か別世界に入ったような気がした。一週間があっという間に過ぎて最後の夜、牧師さんからの「どなたか洗礼を受ける方いらっしゃいませんか」という言葉に私は何の躊躇もなく「はい」と手をあげ、本栖湖の水に腰まで入り洗礼を受けた。冷たく清らかな水で何か生まれ変わったような気がした。

まったく予期せぬ出来事だったが、両親もミッションスクールの出だったので、すんなり受け入れられた。帰ってから、食事の前にお祈りをしろと言われてやったが、後にも先にも食前の祈りをしたのは、その一度きりだった。

告白すると、法政二高時代は演劇などまったく興味がなかった。自分が児童劇団に通っていたことさえ忘れていたくらいで、友達にもそのことはあまり話したことがない。

まだ野球部にいた頃だった。練習が終わって、教室に戻ると演劇部の連中が芝居の稽古をやっていた。「おぉ。俺の銀の食器が……」なんて言っている。演目は確か『ジャン・ヴァルジャン』。今ではミュージカルの『レ・ミゼラブル』として知られているヴィクトル・ユゴーの『ああ無情』という物語だ。

演劇部の稽古をしばらく見ていたが、なんだか可笑《おか》しくなって思わず笑ってしまい、「お前らそんなことやってよく恥ずかしくないね。何が、『おぉ、俺の銀の食器がぁ』だよ。だいたい、演劇なんて女子供のやることだろう。あーそうか。女子高生目当てか」

そう言って野次ったが、演劇部の生徒たちは文化系でおとなしいこともあって、喧嘩にはならなかった。今になって考えてみると、酷いことを言ったなと思う。今頃彼らは、テレビや映画で私の姿を見るたびに、「西岡徳馬ふざけんじゃないよ。お前、俺たちになんて言った?」と思っていることだろうね。申し訳ない……。

大転機到来!

一九六三年、二年生の十一月二十三日、私の人生の一大転機がやってくる。

その日は世界の放送史上画期的な実験、太平洋を越えてテレビの衛星中継が行われた。史上初めて太平洋を越えてきた映像が鮮やかに映し出された。それがなんと送られてきた映像はアメリカ大統領ケネディ暗殺の悲報だった。

同級生の堀場修の家に泊まって、一緒に試験勉強をしている時に、ニュースでケネディ暗殺の事件を知ったのだ。

なんとなく暗い気持ちで学校に着き、期末試験のフランス語のテストを受けていた。すると、回ってきた先生がいきなり

「おい西岡、お前……何やってんの?」、と驚いたように言った。なんのことか一瞬分からなかったが、小さな紙に単語を書いて覚えていたところ、その紙を迂闊にも机の上に置きっぱなしにしたまま試験を受けていたらしい。

「あっ、いけねえ」と思ったが、もう遅かった。教育実習中の若い先生だったので、対応に困っている様子だったが、一応カンニングということで教員室に呼ばれ、二学期の点数は全点没収、その上、売られた喧嘩を買って二度ばかり教員室に呼び出されてブラックリストに載っていたこともあり、私は留年になった。

留年生と保護者が懇談する日、留年生は私の他に約三十人くらいいたが、みんな神妙な顔をしてうつむいている。初めは静かに聞いていた父が突然「こんなことぐらい

で留年ですか。なんだ、この学校は」と大きな声で先生に言い放ち、驚く先生を尻目に「おい徳美、帰るぞ」と、私の手を引いて教室を出た。先生は勿論、そこにいる親子たちは皆びっくりしていたが、私は父に続いた。家に帰ると、「お前はもう行かなくていい、その代わり……」そこまで言って、黙った。母は動かなかった。私も言葉が出なかった。

数日後、父は帰宅すると私を座らせて、「お前はここに行け」と、カラーのパンフレットをポンと投げ出した。見ると「東宝芸能学校」と書いてある。「なんだ？　ここは」と思ったが、父は、

「お前には西岡印刷はやらせない。義榮にやらせる」

それだけを言った。

生まれて初めて挫折というものを感じた。

そして、近所に住んでいて小・中学生と同じ学校だったが、それほど話したことがない、というよりむしろお互いに敬遠しあっていたが、高校も同じになり、そこから急に仲良くなった山本恵三に相談した。

「親父の言うように高校やめていいのか、それとも留年しても学校に残るべきか」

部屋にいるのも苦しくなって、表の夜道を歩きながら話したりした。何日もよく付き合ってくれた。

そしてある晩、恵三が言った。

「でも学歴じゃないよ、学校なんか出てなくても立派な人はいるぜ」

その一言で私は法政二高をやめる決心がついた。

「あんた、いい役者になるよ」

一九六四年、日本中が東京オリンピックで沸き立つ中、私は東京、芝の愛宕《あたご》下にある東宝芸能学校に通い始めた。授業は、クラシックバレエ、モダンダンス、タップダンス、ジャズヴォーカル、日本舞踊、そしてもちろん演技実習。俳優になるための基礎の全てが揃っていた。講師たちはもちろん有名な先生たちばかりでかなり厳しかった。初めてタイツを穿《は》いてクラシックバレエをやったり苦手なタップダンスをやったり、何だかとても気恥ずかしかったが、演技実習だけは楽しかった。ほとんど遊びに

行っているような感じの毎日だった。たまに二高の友達に会っても、

「お前らまだ学ラン着てんのか。俺はもうブレザーだぞ」

と言って目の前でこれ見よがしにタバコを吸って、粋がったりしたが、心の内では、どこか気恥ずかしい思いがあった。

当時はボウリングが流行り始めたばかりで、授業が終わるとみんなでボウリングしたり映画を観たり、ほとんど遊んでいた。でもふと、みんなここを出たらどうするんだろうと考えていた矢先、演技の授業での村田嘉久子先生というおばあちゃん先生の一言で、また私の運命は急展開する。

村田先生の指導は厳しかった。

「あんた、今の台詞どういう気持ちで言ってんだい！」

「そんなんじゃ伝わらないんだよ！」

江戸弁でぺらぺら捲《まく》し立てて、みんな順繰りに怒られている。次は俺の番だ、何を言われるんだろう。ヤバいなぁ……と緊張した。

「西岡さんちょっと、立って」

と言って、立ち上がった私の顔を眼鏡越しにじっと見て、

「あんたね……あんたいい役者になるよ」

そう言われた。驚いた。思いもかけない言葉にみんなが俺を見ている。

俺は今までいい役者になろうなんて思ったことは一度もなかった。ただオヤジが「ここに行け」と言うからここに来てるだけだ。その先生の言葉から、「いい役者ってなんだろう」と考え始めるようになった。

あの厳しい先生がそう言ったのだ。じゃあそのいい役者とやらになってみようか、いやいや、そんな簡単になれるもんじゃないだろう。でもその為には、もう少しいろいろな勉強をしなければいけないんじゃないか。この学校は二年制、あと一年悶々としてはいられない。そう考えるようになって、

「よし、俺はもう一度高校生に戻ろう」

そう決心して芸能学校をやめた。

この時の決断なしに、今の私はないだろう。両親に話すと母は泣いて喜んだ。それを見た父は、黙ってうなずいた。母が私に高校だけは出てくれと、事あるごとに言っていたのを知っていたのだ。母の本当に嬉しそうな顔を久し振りに見た気がした。

再び、高校生に

鎌倉にある聖ミカエル学院という高校が、無試験で入れてくれるかもしれないと言われ、面接に行った。

人格者で有名だった栗沢校長は、

「西岡君、これからは何かする前に、『これをしたら両親は喜んでくれるだろうか？悲しむだろうか？』よく考えて、喜んでくれるだろうと思うことをする、それを約束してくれれば学校に入れましょう」

と言ってくれた。私は、

「もちろん約束します」

と誓って入学は叶った。だが教務課の主任が、

「お父さん、今ここは感化院より酷いですよ。それでもいいですか？」と言い、父は、

「はい、いいです」と答えた。

「そうですか。でも西岡君、君は法政二高の二年生を終えていないんだから、二年生

からやってもらうよ」と言う。私は焦って、

「先生、ちょっと待って下さい、実は弟が三年生なんですよ。兄貴が二年生じゃマズいでしょ」と交渉した。

先生は少し考えていたが、

「うーんそうかぁ……じゃあ、しょうがない。三年生でいい」

やったぁ！

ということで、一年間、聖ミカエル学院に通った。

そして、我が家には高校三年生が二人になった。

聖ミカエル学院は、元々鎌倉の子息たちが通う品の良い少人数制のミッションスクールだった。その頃は、堺正章さんや前田美波里さんが在籍していたようだが、経営困難になって、方針を変えざるを得なくなり、校長も替わって間もない頃だった。温情主義の先生だから、あちらの学校、こちらの学校と、どこで退学になった悪ガキでも「誰でもやり直すことは出来るんだよ」という考えで色んな子を受け入れていた。ご多分に漏れず私もそうだが、素行の悪いのが多かった。何しろ入学時、四十人のクラスなのに来ている子たちは、たったの四人……。残りの三十六人は停学中だった。

そんな学校、今も昔もここより他にないだろう。

入って一ヶ月、何人かを残して停学の解けた子たちが戻って来たところでクラス委員の選挙があり、何故か私がクラス委員に選ばれた。年のせいかよと、笑ってしまった。

芸能学校に行っていたと知った相吉という英語の先生が、「演劇部に入らないか？」と誘ってくれて芝居もやった。『綾瀬川』という芝居で、神奈川県の高校演劇コンクールに出て入選もした。

この相吉先生には、後に結婚式で仲人をしてもらうことになる。芝居好きだったからか、二〇一〇年にはGReeeeN（現・GRe4N BOYZ）の『キセキ』という曲のＭＶにも、おじいちゃんの役で出演していた。

ある日、長い停学が解けて山崎秀房という男が帰ってきた。彼も、私と同じ一年留年組ということもあって、すぐにウマが合い、以来ずっと付き合いが続いている。彼は私の芝居は全部観てくれている掛け替えのない大親友になった。

たった一年間だけだったが、聖ミカエル学院は、私にはとてもいい学校だった。

玉川大学　師・岡田陽との出会い

いい役者になるために演劇科がある大学にでも行くかと考えながら、横浜駅を歩いていると、「玉川大学文学部芸術学科演劇専攻新設」という看板を目にした。あっ、ここだと、私は閃いた。早速調べてみると、玉川学園は小原國芳という先生が、学校演劇にとても力を入れている学校で、中でも岡田陽《おかだあきら》という先生が大変立派な方で、この先生が全てを仕切っているという情報を母の友人の鈴木さんから得た。この鈴木さんは、お子さん三人とも玉川学園に入れており、「素晴らしい学校だから、ノリちゃんも是非」と言われたが、まず試験に合格しなければならない。

試験当日、筆記の後に実技と面接があった。その面接で初めて岡田先生とお会いした。ゆっくりとした静かな口調だが、「怖そうな人だなぁ」というのが第一印象だ。昔風に言えば、身の丈六尺の大男。仕立ての良さそうなグレーのスーツを着て、髪にはうっすらと白髪が交じり、眼鏡の奥の眼光鋭く、まるで全てを見透かされているようだった。こんな紳士には今まで会ったことがない、そう思った。緊張のあまり、何を話したかよく覚えていなかったが、この人の教えならば、あの村田先生の言う、いい役者になれるかもしれないな、と直感したのは確かだ。

帰宅して、面接の受け答えはあれで良かったのかと、不安な気持ちでいた時、家の電話が鳴った。

あの岡田先生だった。

「君は、他の学校も受けると言っていたが、他に行かずに玉川に来るというのならば、私が合格を保証しよう」と仰ってくれた。私は咄嗟に、

「他の学校には行きません」と大きな声で即答した。

「分かった。ではまた連絡する」

その声と共に、私のあの素晴らしかった玉川大学演劇専攻の四年間は誕生したのだ。

四月の入学式前に岡田先生から電話があり「五月にちょっとした催し物をやるから、君も是非参加してくれ」と言われた。

催し物というのは「玉川の集い」というものだ。幼稚園生から大学生まで玉川学園の全生徒を対象にした大イベントで、今年はシェイクスピアの『ヴェニスの商人』をやるので、私にもそれに参加しろというのだ。

というわけで、入学前から先生の家に通い、芝居の稽古が始まった。私が初めてお会いした時に感じた通り、この岡田陽先生こそ、私の演劇人生を決定付けた人だった。岡田先生は玉川大学の創始者である小原國芳先生の娘婿であり、文学部に芸術学科を新たに作った重鎮だった。そして、大岡昇平の小説『ながい旅』の主人公にもなり、戦後の軍事裁判で最後の戦犯となった陸軍中将・岡田資《たすく》氏のご子息だ。本人も戦時中は陸軍中尉だったという。やはりあの毅然とした姿勢、そしてあの怖い物言いは血筋であったのかと納得した。

怖い演出家といえば後に出会う蜷川幸雄さんが有名だが、彼よりも遥かに怖かった。『ヴェニスの商人』とは、中世イタリアのベルモントという都市を舞台に繰り広げられる金銭取引と、美しい貴婦人を射止めんとする若者の話を軸にする喜劇だ。ユダヤ人の金貸しであるシャイロックが、金を返済できなければあなたの肉一ポンドを頂くという有名なシーンがある。

シェイクスピアはとにかく台詞が膨大だ。その言葉一つ一つを大切に、しかもスピーディーに、みんなに伝わるように喋らなくてはならない。内容をよく踏まえて、はっきりと明瞭に伝える。それをまず一番に言われた。玉川学園内にある先生のご自宅で約十日間。ある時は応接間で、また天気の良い日には庭に出て本読み稽古をした。お腹が空いた頃には奥様の純子先生が揚げ餅をふるまってくださったこともある。その家庭的な風情と、本読みというのはこんなに沢山時間をかけてやるのかという初めて尽くしに感動した。

リトミック教室での立ち稽古から、岡田先生のダメ出しと呼ばれる演技に対する注文は厳しくなってきた。

身体の向き、足の運び、手の動かし方、声の大きさ、強さ、それまで考えたこともないことばかり。「音が違う」と怒鳴られる。発する音が違うのは気持ちが違うということだ。

言われたことが出来ないと、何度も何度も繰り返しやらされた。野球でいうところの千本ノックだ。自分がノックを打たれている時は、もう勘弁してくれと思うのだが、他人が打たれているのを見ていると、その人の演技は確実に良くなっていくのが分かる。「よし、じゃあ自分も」と気合が入った。しかし、気が入れば出来るというものじゃない。

「君はこの台本を何度読んだんだ！」

先生の大声が稽古場の窓ガラスを震わせる。厳しかった。少しでも自分だけが目立とうとすると、「卑しいことをするんじゃない」とこっぴどく叱られた。

しかし楽しかった。そしてものすごく勉強になった。あんなに予習復習をしたのは人生で初めてのことだった。

そして、約二ヶ月の稽古の末に、赤坂プリンスホテル前の都市センターホールで本番を迎えたその時の興奮は忘れらない。

メイクアップして、衣装を着て、舞台袖の暗がりで出番を待っている私の足は、誰かに気づかれるのではないかと思うくらい膝がガクガク震えていた。胸もドキドキと高鳴っている。

いよいよ私の出番だ、さあ時は来た！

私は大きく息を吸い、両手でほっぺたを二回張り、太ももを叩いて舞台に一歩踏み出した。

ところが不思議なことに本舞台の明るいところに出た途端、さっきまでの胸のドキドキ、足のガクガクは消えて、なんか妙に気持ちが良い。アドレナリンのせいだったのか恐ろしいものだ。

もっと大胆にやってみよう。もっと俺を見てくれ！

そんな気が湧いて、俺はもしかして本当は図々しい奴なのかもしれない、と感じた。今にして思えば、まだ本当の怖さも知らないビギナーズラックだった。「役者と乞食は三日やったらやめられない」とはよく言ったものだ。この『ヴェニスの商人』が私の演劇の原点かもしれない。とにかく、そこから始まった玉川大学の四年間は芝居漬けといっても過言ではなかった。

その秋にやった島崎藤村の『破戒』は学園の講堂が会場だったが、その後山形、秋田、青森に地方公演もあり、これも初めての体験だった。翌年やったアルベール・ユッソンの『俺たちは天使じゃない』でも同じコースを回った。

日本演劇の今尾哲也教授の授業でやった歌舞伎十八番の『勧進帳』は楽しかった。弁慶と富樫の安宅《あたか》の関の場面だが、先生の持ってこられたいろいろな名歌舞伎役者が発する、名調子のレコードを聴いて覚えた。

弁慶の台詞である、

「大恩教主の秋の月は涅槃の雲に隠れ生死長夜の永き夢驚かすべき人もなし」

この後まだまだ続くが、これはとても気持ちが良い。今でも時々、車の中で唸る。

中村芝翫《しかん》さんがまだ橋之助の頃、同じ芝居をやっている楽屋で、これを一節唸ったら「よく覚えてますねぇ」と感心された。

一九六八年、二ヶ月間の欧米公演

大学時代の一番の思い出は何と言っても三年生の時に二ヶ月間にわたる海外公演旅行に行ったことだ。一九六八年四月二十日から六月二十一日の二ヶ月間だった。岡田先生を団長として五人の教職員、そして演劇専攻の中から選ばれた二十人の学生が参加した。旅費は大学からも援助があったが、二ヶ月という長丁場なので、自腹で四十万円くらい払わなければならなかった。選ばれたのだからと親に頼んだところ、何とか出してもらえて初めての海外旅行に出かけられることになった。目的はドイツのベルリンで行われる国際青年演劇祭に参加すること。その年は日本代表として玉川大学が選ばれた。せっかくドイツまで行くのだからと、小原國芳学長の計らいで、二ヶ月間かけてアメリカとヨーロッパを公演旅行することになったのだ。

欧米公演中

回るのはアメリカのアンカレッジとシトカ、デンマークのコペンハーゲン、ドイツはベルリン、ボン、ケルン、フランクフルト、デュッセルドルフ、カールスルーエ等々十ヶ所で公演をし、その後はスイス、イギリス、イタリア、フランス、バチカン、最後にギリシャという超贅沢な旅だ。

演劇祭の出し物は、木下順二作『夕鶴』に決まった。ご存知「鶴の恩返し」という民話をもとにした有名なこの話は、命を助けてくれた恩人に一途な想いを寄せる鶴と、それを悪用する人間のエゴが対照的に描かれている涙を誘う物語だ。芝居の登場人物は四人。私は「惣《そう》ど」という役を与えられた。

しかし、『夕鶴』だけでは短いので、二部制にして、第二部では日本民俗舞踊をやることになった。二ヶ月前から岡田先生の猛稽古が始まった。芝居の稽古の他にも照明や音響などの裏方がやる作業も全て自分たちでやらなくてはいけない。稽古の合間に、男子は舞台装置、大道具、小道具を、女子は衣装を担当した。

日本民俗舞踊は、黒田節、鳥取の傘踊り、花笠踊り、青森の荒馬踊り、徳島の阿波踊り、八丈太鼓など。これらの振り付けは岡田純子先生の指導で、この練習もとても大変だった。

出発前には舞台稽古、壮行会を兼ねた公演を都市センターホールで上演し、不安と期待の下、四月二十日、羽田空港から出発した。

最初の渡航地はアラスカのアンカレッジだった。初回の公演だというのに、せっかく何日もかけて作った舞台装置が日本から届かないというアクシデントが起きた。装置の責任者の先生の明るい号令の下に、当地のスタッフにも協力してもらい、徹夜で新たに作るという前途多難な幕開けだったが、却《かえ》ってそれで、「人間元気で生きてさえいれば世界中どこへ行っても、何とかなるんだ」と、変な自信がついたことは確かだった。初めての海外公演、外国の方に分かってもらえるか、その不安が吹き飛んだスタンディングオベーションを浴びた。

アラスカを後にしてからは、いよいよヨーロッパに入る。

まず訪れたのはデンマークのコペンハーゲン。レンガ造りの家が立ち並び、どこを切り取っても絵葉書になりそうな夢のように美しい町だった。ユースホステルの前に公園があって朝にはみんなで散歩をした。池には白鳥が泳いでいて、アンデルセンの童話の世界に入ったようだった。四月のコペンハーゲンの空気、あの匂いは今でも忘れられない。

有名な人魚の像も見てきたが、私はそこでお恥ずかしくも失態を演じた。よせばいいのに、他の誰も撮ったことがない人魚像の後ろ姿の写真を撮ってやるぜと、柵の中に入った途端、岩に足をすべらせ海にドボン！　腰から下はズブ濡れになり、他の観光客にも笑われた。おっちょこちょいは海外に行っても、おっちょこちょいだ。

デンマークでは、アンデルセンが生まれたオーデンセにも足を運び、オーデンセ劇場で『夕鶴』と舞踊を上演した。しかし、この劇場に四十年後にまた来ることになるとはその時は知る由もなかった。というのも、とあるテレビ番組で、どこか思い出の地に行ってみないかという企画があり、ダメもとでデンマークがいいと言ってみたらそれが通り、再びオーデンセ劇場に足を運ぶことが出来たからだ。

出てきてくれた総支配人は、なんと私たちが公演した時に、入ったばかりの新人だったそうで、その時に観た『夕鶴』をとてもよく覚えていてくれて、二人で当時を懐かしんで語り合った。四十年という月日の流れを忘れて、オーデンセの夜は更けていった。

デンマークからドイツ国内へは、かなり年代物のチャーターバスで移動した。フェリーに乗りそのままドイツに入ったのだが、パスポート一つ見せるだけで国境を越えられるということが、我々日本人からすると驚異だった。

五月、バスは真っ黄色な菜の花畑の田舎道を、ベルリンへと向かった。いよいよ目的の世界十数ヶ国の人々が集うアマチュア演劇祭。宿舎のユースホステルではイスラエル、オランダの若者と仲良くなった。輪になってギターで、ジョーン・バエズの反戦歌を歌ったり、フォークダンスを踊ったり、お互いの母国語の歌を教えあったりした。私たちはイスラエルの歌ハバ・ナギラ（♫ハバーナギラ、ハバーナギラ、ハバーナギラベーニスマイハ♫）を教わり、とても楽しかった。

休息日、東西を分断する壁を越え、東ベルリンの劇場にゴーゴリの『検察官』を団体で観に行くことが出来た。検問所でパスポートを見せ東側に渡ると、あんなコンクリートの壁一枚で、住んでいる人々の顔つき、空気、におい、風情、これが元は同じ都市かと思うくらい西側とは格段に違う。恐ろしいことだ、日本もまかり間違っていたらこうなっていたかもしれないと思うと、三階席の高いところから観下ろす芝居よりもそのことが気になった。帰りに見た壁に、これの為にどれほど多くの人たちが泣いただろうかと想像すると一瞬胸がつまった。

さて肝心の本番は殊のほか良い出来だったように思う。ライブパフォーマンスというのは観客の拍手の感じで出来が分かるからだ。最後の八丈太鼓では客席皆が太鼓に合わせて足踏みをしてくれ、カーテンコールは大喝采だった。大成功だったと思う。

演劇祭を終え、次の日からドイツ各地を回った。ボンでは領事館でドイツ国歌と『さくらさくら』、そしてベートーヴェンの『交響曲第九番』を歌った。玉川学園生は大学一年の授業で『第九』は必須だから、ちゃんと授業を受けていれば皆歌えるはずだ。

その後、ケルン、フランクフルト、デュッセルドルフ、カールスルーエなど、沢山の都市を回った。各地に着くと、町の広場にそれぞれ里親さんたちが車で迎えに来てくれていた。一人で一軒、あるいは二人で一軒というように学生たちを預かって頂いた。ベンツで迎えに来てくれる方、古いワーゲンで迎えに来てくれる方。車のグレードでその家族の暮らしを察することが出来たが、意外とぼろい車の人のほうが人間味があって温かかったりするものだった。とにかく今回はどうだろうかと楽しみの一つでもあった。

しかし言葉には困った。通訳さんがいない。何しろ知っているドイツ語はグーテンモルゲン（おはよう）、ダンケシェーン（ありがとうございます）、イッヒハーベフンガー（私はお腹が空きました）くらいのレベルだ。片言の英語とジェスチャーだけれども、これが結構通じたのだ。気持ちが入れば通じる必死のジェスチャーの力だった。どの家庭でもとても温かくしていただき、フィーレンダンク（本当に感謝）でした。そしていよいよ、約ひと月も滞在したドイツにアウフビーダーゼン（さようなら）の時だ。

次はいよいよイギリス。私たちはロンドンに着くと、すぐにシェイクスピアの生まれたストラトフォードに行き、ロイヤルシェイクスピア劇場で本場の『リア王』を観た。この時の感激は今でも忘れられない。

舞台は何もない空間。暗闇の中からドーンダァーン、ドーンダァーンと腹に響くような太鼓の音と共に上手、下手にメラメラと燃えている本火《ほんび》の松明《たいまつ》を持った兵が入って来る。その奥の暗闇から大きな輿《こし》が担ぎ込まれ、カーテンをサーッと開けると、中に苦悩に満ちた老王リアが、まるでロダンの考える人のような姿で座っていた。ゾクゾクする幕開きだった。

シェイクスピアの素晴らしさは、話の内容、筋立てはもちろんだが、何よりもあの歌をうたっているような、リズミカルな英語の言い回しにある。だから、日本語に翻訳した時点でその魅力の九十%は失われてしまっていると、かの福田恆存《こうそん》氏はご自身が翻訳された『シェイクスピア全集』の中で記しておられる。実際、この舞台の台詞回しは、まるで音楽を聴いているようだった。この美しい英語のフィーリングを文章で伝えるのは実に難しいが、耳触りが良く心地よいのは、日本の歌舞伎と同じだなぁと感じた。

ロンドンの繁華街ソーホーにあるカーナビー・ストリートでは流行の先端のファッションを堪能した。大流行している女性のミニスカートがロンドンではこんなに短いのか！　と、日本から来た青年たちは目が点になって、ビックリしながらジックリ見てしまった。本場のパブではギネスも飲めた。

次の予定地だったパリは、ドゴール大統領に対する五月革命でオルリー空港が封鎖され入れなかった。とても残念だったが、お陰で次の訪問地のローマには少し長くいることが出来た。ローマは思った通りの素敵な街だった。『ベン・ハー』や『スパルタカス』などの西洋史劇の映画が大好きだった私は、かつてここに、あのローマ帝国が存在し、シーザーもアントニウスも、そしてクレオパトラさえもいたのかと想像したら、たまらなく興奮した。スペイン広場では、『ローマの休日』の舞台はここだったのか！ オードリー・ヘップバーンを追いかけてグレゴリー・ペックが出てくるんじゃないかと、まるで映画の中にいるようだった。トレビの泉では、また来られますようにという願いを込め、いわれに沿って後ろ向きにコインを投げた。

パリには行けなかったが、その分予定に入っていなかったフィレンツェにも行けたので、とても得をしたような気持ちだった。

しかしここから大仕事がある。バチカンの中に入り法王パウロ六世に謁見するのだ。もちろん、事前に日本の外務省から連絡済みだ。大変な準備があったに違いないが、我々学生が知る由もなかった。練習してきた神を賛美するラテン語の歌を合唱し、それにはパウロ六世もいたく感動したご様子で、一人一人と握手をしてくださった。その手はお人柄と同じように温かくとても柔らかかった。またもや大感激いたしました。

そして、最後の地であるギリシャでは、強い日差しを浴びてアクロポリスの丘に紀元前から立つパルテノン神殿に触った。石の文明はここまで長く保存できるのかと、日本の木造文明・文化との違いに感慨も一入《ひとしお》だった。野外劇場にも行けた。解説人が劇場の構造を説明してくれる。舞台から見た正面の一番良いところに大きさがバラバラの立派な席が沢山あり、そしてひときわ大きな席の石のプレートにはそれぞれに文字が彫ってある。時の権力者の名前だそうだ。解説人から「皆さん、一番上までのぼって聞いてください」と言われ、私たちはすり鉢形の劇場のトップまで移動した。丁度、野球場の解説者席のあたりだ。手の小指くらいに見える解説人が舞台中央あたりから小さな声で話すが、とてもよく聞こえる。そして、次に彼はおもむろにマッチを出し擦った。ジュバッと、まるで目の前で擦ったように聞こえた。「計算し尽くされているのです」と、あたかも自分がこしらえたとでもいうように得意な顔をしている。私たちはそのパフォーマンスに賞賛とねぎらいの拍手を送った。

夏の夜に観られる芝居は月の位置までもしっかり計算されていて、「あの月があそこに来た時、この芝居は終わる」と指をさして教えてくれた。本物の月も使った舞台効果だ。何千年も前から変わらぬ演出というわけだ。

作品こそ違うが同じギリシャ悲劇を、後年蜷川幸雄演出でやることになることを考えると、ギリシャで体験できたことは本当に良かった。

この二ヶ月間の出来事は、今振り返ってみても、若い私には余りあるカルチャーショックというか、ものすごい体験だったし、大変な財産にもなった感謝の旅だった。

その年の秋の玉川の集いでは、『キリスト受難劇』という芝居をやった。これは、昔ペストが大流行した際、被害が少なかったドイツのオーバーアマガウで、神への感謝を捧げるために今も十年に一度上演されている芝居だ。私は、キリストを裏切るユダの役を演じた。もちろん、バチカン美術館で見た数々の絵を思い出しながら演じたのは言うまでもない。岡田先生の手配からだと思うが、作家の三島由紀夫さんが観に来てくださって、公演後、

「大学生の芝居とは思えないくらい良かった」とお褒めの言葉を頂いたのは光栄の至りだった。

とにもかくにも、玉川大学で学んだ演劇は、今の私を形成している基礎となってい

るのは紛れもない事実だ。

進路は「俳優」

一九七〇年、私は留年することもなく、無事四年で卒業することとなった。

さて、卒業後はどこに行ったらいいのか、一時は映画監督になろうかと迷ったこともあったが、やはり自分には俳優しかないと思っていた。そんな中、授業中に岡田先生から一人ずつ進路について話してみなさいと言われる機会があり、私は照れくさかったので、冗談のつもりで「僕は寿司が好きなので、きれいなお嬢さんがいる寿司屋さんでもあったらそこに養子に入って……」と言って先生の顔を見ると、それは面白くない冗談だと言わんばかりの顔で冷たく「君の芝居にはそういういい加減なところがあるね」と突き放された。

「すみません。俳優をやりたいと思っています」と慌てて言った。

その頃、映画会社が新人俳優を募集する時代は既に終わっていて、俳優として活動するにはどうしたものかと考えていたら、生粋の玉川の先輩から「井上に相談するといい」との助言を受けた。井上とは玉川学園の十歳も上の大先輩で、時々家にもお邪魔したことのある井上孝雄さんのことだ。井上さんは東宝の演劇部に所属されていたので、相談したところ「よしじゃあ東宝現代劇に来てみるか」と言われ、東宝現代劇の試験を受けた。翌日すぐに電話が来て「合格です」と連絡があった。よーし俺もいよいよ東宝の人間かと内心夢が膨らんだ。しかし三日もしない内にまた電話があり、「申し訳ない西岡君。会社の方針で、今年は新人をとらないことになったんです。ご了承ください」と演劇部のスタッフの方から言われてしまった。さて困った、これはもう新劇の劇団に行くしかないなと思った。

横浜の実家の近所で、時々道ですれ違うといつも真剣な顔でブツブツ言って歩いている人がいるので、母にそのことを話すと、その頃近所に引越してきた福田秀実という劇団民藝の俳優さんであるということが分かった。母が、「息子が大学で演劇をしている」と話すと、福田さんの奥様から、じゃあ是非と誘われて、民藝友の会の会員になった。その年の演目はこばやしひろしの『郡上の立百姓』、アーサー・ミラーの『セールスマンの死』、サマセット・モームの『報いられたもの』、アレクセイ・アルブーゾフの『私のかわいそうなマラート』だった。当時の私の頭ではとても難解な作品ばかりだったので、どうやら自分には民藝はとても難しそうだと感じた。考えてみると、大学に入って最初にやったのが『ヴェニスの商人』だったし、卒業公演も同じくシェイクスピアの『ハムレット』だった。卒業論文は「シェイクスピアとイタリアの関係」というテーマで書いたし、何よりもヨーロッパ公演で観たあの『リア王』が忘れられなかった。やはり自分は西洋演劇、殊にシェイクスピアが出来る劇団に行きたいと思った。それならば、数年前に文学座から脱退した芥川比呂志さんと福田恆存さんが作った劇団雲だ。

芥川比呂志さんは、当時、私がもっとも憧れていた俳優だった。文豪・芥川龍之介氏のご長男である。日生劇場にて劇団雲の芥川さんが主演を務めた『ヘンリー四世』を観たのは、大学二年生の時だった。終演後、日生劇場の会議室で芥川さんの講義を受けられるという機会があった。三時間以上の芝居を終え、お疲れだっただろうが四十分程話してもらえた上、最後に、

「何か質問はありませんか？」と言われたので、私は手をあげ、

「芥川さんは演じている時、どういう方向に向かって演技をなさっているか教えてく

ださい」と尋ねた。芥川さんはあのギョロリとした独特の目で私を見て「君、なかなかいい質問だね」と言われた。そして、

「僕は観客に迎合する芝居は嫌いだ。だからといって自分の中に入り込んでしまうのも嫌いだ。その両方の間を行くのが良い芝居だと思う。今観客に自分の姿がどう見えているか、僕はそれを常に意識しながら演技をしている」

と仰った。

なるほど！　熱くそして冷ややかに、まるでやじろべえのように、どちらにも傾くことなく、ロープの上を歩く。そういう演技方法もあるのか、と私は自己流の解釈をした。憧れの人の言葉は重かった。

その後、ヨーロッパ公演旅行中のイギリスで、野外劇『ウィンザーの陽気な女房たち』を観に行った時のことだ。休憩で外に出ると、なんとその芥川さんが奥様とコーヒーを飲んでいるではないか。私は思わず、

「あっ！　芥川さんこんにちは」

と声を掛けてしまった。

「えっ」

と怪訝な顔をされたので、

「失礼しました。私、玉川大学の学生ですけれども以前、日生劇場で『ヘンリー四世』を拝見してその後、講義をして頂いたことがあったので、思わず声を掛けてしまいました」

と言うと芥川さんから、

「あぁそうでしたか。あの時の。覚えていますよ」

と仰られて、大いに赤面したのだった。だから、劇団受験の時にこのことを話せたら、ひょっとして……と、虫のいいことを考えたりした。

けれどもし、劇団雲への入団が叶わなかったらどうする。

その時は、フランス演劇のジャン・アヌイとかジャン・ジロドゥを多くやっている浅利慶太さん率いる劇団四季かな。北大路欣也さんと加賀まりこさんの『オンディーヌ』は素敵だったし、平幹二朗さん、日下武史さん、市原悦子さんの『アンドロマック』もカッコ良かった。何よりも四季に入れば、一番憧れているあの日生劇場に出られるかもしれないぞ。

そんなことを思っていたところに、玉川大学に非常勤で教えに来ていた文学座の演出家・加藤新吉さんから「徳美は卒業したらどこへ行きたいの？」と聞かれた。私は「雲か、四季ですね」と答えた。新吉さんは「ふうーん」と言ったきりだった。

後日そのことが、やはり教えに来ていらした文学座の創立メンバーで演出家の戌井《いぬい》市郎《いちろう》さんの耳に入ったらしい。戌井先生は、かの杉村春子さんの代表作『女の一生』でも高名な演出家だ。そして息子の戌井祐一は演劇専攻の同級生で、彼は中学から玉川学園にいる「玉川っ子」だ。その関係で岡田先生がお願いをして、戌井先生にも大学へ教えに来て頂いていたのだ。その戌井先生が、

「西岡君は、雲に行きたいんだって？　ふうーん……君は、一番文学座向きなんだけどなあ」

と、小さく独り言を仰られてスーッと去られた。

えぇー俺が？　文学座向き？　思いもよらない言葉に驚いた。

文学座と言ったら、あの杉村春子さんが主力となってやられている女性芝居の劇団で、それも日本の古い芝居の劇団という認識があった。しかし戌井先生がそう仰るのならと思い、家に帰って文学座ってどんな劇団なんだ？　と、改めて調べてみた。今のようにネットで調べるようなことは出来なかったから、百科事典から演劇雑誌まで

探った。すると、文学座の演目の中には西洋劇ではシェイクスピアはもちろん、モリエール、イプセン、エドモン・ロスタンの古典から、テネシー・ウィリアムズ、ノエル・カワードなどの現代劇、そしてベケット、イヨネスコなど前衛劇に至るまで上演している。日本の作家では、岩田豊雄、岸田《きしだ》國士《くにお》、久保田万太郎の創立メンバーに加え、森本薫や三島由紀夫などの巨人たちばかりの作品を取り上げているオールラウンドな劇団だった。

考えてみれば、その名も文学座だものなぁ。私は改めて自分の無知を恥じた。そして、劇団雲、劇団四季、文学座の順に試験を受けることにした。すると、文学座から、「君は四年間玉川で演劇を勉強していたことを考慮して、養成所卒業後に選抜進級できる研究生の二年目に飛び級が出来る試験があるので、そこを受けてみませんか」

と言われ、その試験を受けた。玉川大学からは私だけ。あとは桐朋学園から六、七人もいた。結果として私は幸運なことに劇団雲、劇団四季、文学座と、全ての劇団に合格してしまった。さてさて、どうする……。法政二高を中退する時と同じくらい悩んだ。行く先によってはこれからの人生が大きく違うかもしれない。この時の判断は大きな岐路だったと、今にして思う。

そして、散々悩んだ挙句、文学座にしようと決めた。

理由は信条でもイデオロギーでもなく、ただ「養成所に行かなくてもいいから」という実に単純なものだ。いい加減といえばこれほどいい加減なことはない。下手の考え休むに似たり。ただの勘だったのだ。

大学の同期だった友人の芹川英樹は四季に合格した。

「入ったら西岡と書かれた下駄箱が一年間あったぜ」

と言っていた。当時の四季では、合格したのに入団しなかった人間は一人としていなかったらしい。

第二部

そう、僕は今、熱いライオンです

プロとしてのスタート地点、文学座

一九七〇年、私は文学座に入座した。新宿信濃町にある文学座養成所の当時の試験には千人近い若者の応募があった。昼間部、夜間部それぞれに五十人のクラスがあり、一年間を研究所で学び、卒業時にそこでふるいにかけられ、残った十人程が研究生として進級する。研究生は下から、Cクラス、Bクラス、Aクラスと三年間勉強し、その後、劇団員会議で評価が良ければ、晴れて座員になれるのだ。私はその中間のBクラスに編入することが出来た。Cクラスには十人おり、Aクラスには、この年にはまだ座員になれない人もいて合計四十人ぐらいの研究生がいた。その古参兵の中には、途中から入って来やがって、と半ば白い目で見てくる先輩もいたのは事実だが、大方の先輩たちからは可愛がられた。私はこんな性格なので飄々としていたらしく、後で聞いた話だが「あの頃あんたみたいな人はいなかったからね。珍しかったのよ」と少々変わり種と思われていたようだ。何しろ入座して初めの頃は、スーツにネクタイの格好で行ったのだ。玉川大学の第一装は紺ブレザーにネクタイだったから、そういう格好をするのが当たり前だと思っていた。しかし、ネクタイで劇団に来る、変な、サ、ラ、リ、ー、マ、ン、みたいのが入って来たと思われていたようだ。

文学座での初公演はアトリエ公演の代役だった。アトリエ公演とは、文学座の稽古場で行われる公演だ。まえがきで前述したが、骨折してから三ヶ月間はギプスだったので、秋まで俳優としての仕事は何もなかった。座員としての初めての公演は、やはりアトリエ公演で『あわれ彼女は娼婦』というイギリスのエリザベス朝時代の戯曲だった。

イタリア貴族の家で起きる兄妹の近親相姦の芝居だ。木村光一演出、私の役は、三人組の悪党の一人だった。木村さんのアイデアで、悪党は三人とも裸にふんどし姿、しかも全身を黒茶色に塗って、台詞はなし、ただ頷くだけ。幕が開き、暗くなると舞台中央に垂れ下がるロープに照明が当たる。そのロープに向かって舞台奥の暗がりから飛び出す裸の男が私だ。アトリエはそれほど大きくないから、私が飛び乗ったロープはお客さんの頭の上ギリギリをかすめ、おーっ、とどよめくお客さんにほくそ笑む私。初舞台がこれかぁと半ば自嘲しつつも、ストレス解消もあって大いに揺らした。

中学時代の体操部での経験がこんなところで役に立ったのだ。その公演が終わって二週間後くらいだったと思う。座に顔を出すと「西岡君。事務所に来るように」との張り紙があった。俺、なんか悪いことでもしたかなと、呼び出しを食らった高校時代を思い出して、恐る恐る事務所のドアを開けると、経理の宮本さんに、

「あんたのんきねぇ、この前のギャラ取りに来てないの、あんただけよ」

と言われて、ハッとした。確かに忘れていた。というよりギャラ？　出演料？……俺は今まで芝居をして、お金を貰ったことなんてなかった！

あー俺は、俺はプロになったんだ。

そう思った途端に恐怖がよぎった。お金を貰うんだ。これからは迂闊なことは出来ないぞと、職業俳優としての自覚が生まれた瞬間だった。

三島由紀夫の死

アトリエ公演とは違って、劇場で行う本公演の初舞台は司馬遼太郎作『花の館』だった。文学座にとって初めての日生劇場での芝居で、オールキャストだった。私の役

は近習《きんじゅ》・五、一期上で今でも気の合う先輩、原田大二郎は近習・三の役だった。いわゆるその他大勢の一人だ。けれど、初めて立った憧れの日生劇場に興奮気味だった。

十一月二十五日は、芝居の休演日だったが『あわれ彼女は娼婦』の再演の稽古があり、稽古に向かおうと家を出る間際、テレビから臨時ニュースが流れた。作家の三島由紀夫氏が市ヶ谷の陸上自衛隊駐屯地に乱入したという。大学生の時に少しだけお会いして、お褒めの言葉をいただいて以来、改めて氏の本を読み大ファンになっていた私は、その頃『豊饒の海』を全巻読み終えたばかりだったので、何事が起きたのだろうと、大変心配しながら一時間電車で揺られ、信濃町の稽古場に入ると、稽古場は真っ暗で静まり返っていた。事務所に行くと、

「今、三島先生が割腹してお亡くなりになった」

と誰かが言った。私は思わず、

「えーっ」

と驚きの大声を上げてしまったが、誰もそれ以上口を開かなかった。

三島さんは、かつて文学座にも在籍しておられた大先輩でもあったのだ。みんなの驚愕は計りようもなかった。当然その日の稽古は中止になった。

私は初めてお会いした二年前の、真っ白なスーツ姿の精悍な三島さんを思い出していた。

果たして『豊饒の海』の一節の如く、

「正に刀を腹へ突き立てた瞬間、日輪は瞼の裏に赫奕《かくえき》と昇った」のだろうかと瞑目した。

演劇という底なし沼

研究生のAクラスが終わり、座員になれるか、研究生に留年かという審査の時が来た。

「君はラッキーだね」

と、戌井先生が仰った。

「実は今年から制度を変えて、研究生から研修科に変わる。そして準座員制度を設けるようにする。ついては座員に上がるか、もうここで終わるかどちらかだ。君は座員に上がることになった。文学座に入座して三年目にして正座員になるのは、君が初めてだよ」と仰った。

こうして私は晴れて、文学座の正座員となったのだ。

そして、その年の正月、年は若いが一期上の先輩女優、宇津宮雅代さんと結婚した。

一九七二年五月のアトリエ公演はシェイクスピア三部作と銘打って『ハムレット』『ロミオとジュリエット』『トロイラスとクレシダ』の三本をやった。

私はロミオに選ばれた。初めての主役だ。ジュリエットは三期先輩の太地喜和子さんだった。木村光一演出で、現代風に装置は舞台真ん中に円形の筒だけあって、その中が最後の場面の霊廟になる。その他には何もない。衣装もロミオは白いデニムの上下、ジュリエットも白のコットンのゆったりしたワンピース。小麦色のメイクをしたキャピキャピのジュリエットを演じた太地さんは、とても可愛らしかった。音楽も現代風にと木村さんが発案して、ジョン・レノンの『マザー』が突然入ったりする。私は木村さんに頼んで、ぜひピンク・フロイドも入れて欲しいと懇願し、それが叶っていい場面でその曲が入った。

「おぉロミオ」とか「あぁジュリエット」とか言っているが、とても一六〇〇年頃に書かれたイギリスの芝居ではなく、紛れもない現代劇だった。シェイクスピア劇の持つ韻文の美しさではオリジナルに敵わないなら、じゃあなんで勝負するのかと、まるで戦いを挑むかのように感じられる秀逸な木村演出だった。私の芝居もまずまずだろうと自負していたところ、初日を見た先輩俳優の金内喜久夫さんから、

「トクミ、お前は何にもしないなあ、何かしろよ、何か」

と言われた。この私の呼び名については後述するが、大学時代から私は「トクミ」と呼ばれていた。

何かしろ？　どういう意味なのかよく分からなかった。

「えー、ちゃんとやってるつもりだけど？」

と聞き返すと、

「何か足りないんだよ」

それしか言わなかった。まあ要約すると、個性がない、味がないということか。大学では岡田先生から、

「余計な芝居はするな」

と、キツく戒められていた。しかし文学座に入って驚いたのは皆、いわゆる余計な

ことをしまくっているのだ。まるで正反対だ。劇団に入ってから二年間、さてこれはどちらが正しいやり方なのだろうか、と他人に聞けずに悩んだ。

「何か」とはなんだ？「余計なこと」とは？　でもその「余計なこと」が何だか面白いのだ。話の筋の邪魔にさえならなければ、むしろその方が生き生きとして楽しいことが多い。けれども私には、それが出来なかった。岡田先生が見たら、「客受けを狙った卑しい品のない芝居をするんじゃない」と仰るのではないかと、いつも自問自答していた。しかしある日ふと、「待てよ。岡田先生が教えてくれていたのは、あくまでアマチュアの学生のための演劇で、それは教育の一環だった。大学での芝居というのは、演劇を通しての人間形成の場だったのかも知れない」と腑に落ちた。

岡田先生が何より大切にしておられたのは、脚本の正しい伝え方だった。大した技術もない学生が小賢しく余計なことばかりすれば、話がどこへ向かっているのか分からなくなり、芝居が壊れる。それでは本末転倒だ。それを危惧してのことだったのか、

「先《ま》ずは基礎からだよ、西岡君」

と先生の声が聞こえた気がした。金内さんの言葉に刺激を受けて、プロの演劇とは何かを模索していった時、芥川比呂志さんの『決められた以外のせりふ』という本を

読んだ。書かれている言葉を発するだけが芝居ではない。台詞と台詞の行間に何があるのか、「間」とは何か、そして、その役のバックボーンを考える。この人物はここに来るまで一体何をしていたのだろうか、この人物はどういう生い立ちなのか、どんな性格なのかを考えろと書いてあった。私は自分流に、この役の人物の血液型は何だろうか、Aなのか、それともBかOかなどと色々考え出したら、面白くて止まらなくなってきた。

しかし、かつてこれと同じようなことを、コンスタンチン・スタニスラフスキーの『俳優の仕事』という本で読んだぞ。ということは、俺はあの本を読んだのではない、ただ目で見ただけで、血となり肉となっていた訳ではなかったということだ。しかもスタニスラフスキーというロシア革命の頃の俳優の言うことと、私の憧れの芥川さんの言葉とでは、受けるエネルギーが違う。また、人間、何かについて同じものを見たり聞いたりしても、それを未体験の時と、少し体験した時とではこれほど感じ方が違うのかとも驚いた。さらに体験を続ければ、まだまだより深いものとなっていくのだろう。こりゃとんでもない底なし沼に足を踏み入れたな、そう思った。

アルバイト悲喜交々《ひきこもごも》

会社員と違って、文学座の劇団員には毎月決まった給料が出る訳ではない。舞台の仕事がなければ収入は一切なく貧乏だった。私は横浜の実家から劇団まで通っていたので、家賃や光熱費はかからないし食事も出来た。しかし同じ研究生は、みなアルバイトをして生計を立てていた。私も大学まで学費を出してもらって、もうこれ以上厄介にはなれないとアルバイトを始めた。初めにやったのは、綱島に出来たばかりのボウリング場のメンテナンス係だった。当時は空前のボウリングブームで、いつも超満員だった。メンテナンス係と言えば聞こえがいいが、要するに清掃係だ。

早番は夜の九時から、遅番は夜の十一時から明け方五時までで、ボウリングのレーンではなく、客のベンチや、飲料水などの自動販売機の下、トイレ、出入り口といった場所を掃除するのだ。客のいなくなった深夜、眠くて眠くてモップを持ったまま立って寝ていたこともあったが、もう一人の相棒が五十過ぎのおじさんで、よく発破をかけられた。彼は、昼間は東横線の保線員をしていたのだが、夕方五時に仕事が終わると、いったん家に帰り仮眠をしてボウリング場に来るという。だから何とか早く終えて、そこの守衛室でまた仮眠をし、そこから元住吉の車庫に通っていた。

「大変ですね」

と私が話しかけると、

「こうしないと家族を養っていけねぇんだ」

と言った。一日おきとはいえ、頭の下がる思いだった。

ここでもう一つ学んだことがある。掃除をしていると、当たり前のように「おいここも、ここも頼むよ」と、空き瓶や灰皿を顎で示す人もいれば、喜んでくれて「ありがとう」と言ってくれる人もいる。その「ありがとう」の言葉で何度気持ちが救われたことか。私はこれから人に何かをしてもらった時は、必ず「ありがとう」という言葉を使おう、そう決めた。

ボウリング場の次は、運送会社でタイヤ運びのアルバイトをやった。トラックに車のタイヤをいっぱい積んで指定の場所まで運んで行くという仕事だった。タイヤは一つ一つ自分で運ぶ。いろんなタイヤがあり、厚いレーシングタイヤとか、トラック用とか結構大きなタイヤがあって、これはかなりの重労働だった。麻布に今でもある会社で、時々車で前を通る度に懐かしく感じる。

バーテンダーもやった。当時は防衛庁だった今の東京ミッドタウンの前、その地下に小さなバーがあって友達の紹介でそこに行ったのだ。カウンターの中に入って水割りだけ作れればいいからと言われ、本当に水割りだけしか作れなかったが、そこで働かせてもらった。夜の七時半から働き始め、夜の十一時半には店を出ないと東横線の最終電車に乗り遅れるので、大した労働ではなかった。たまに劇団四季のベテラン俳優さんなどが来店したが、自分は文学座に在籍しているということを隠していたので、劇団四季の内情を盗み聞きしたりして、それは面白かった。玉川大学の同級生である芹川とも、お互いの劇団総会の様子を披瀝《ひれき》しあったことがあるが、文学座は杉村さんはじめベテランから若手まで侃々諤々《かんかんがくがく》の話し合い、一方、四季は浅利慶太さん一人の独演会で灰皿の山だと。それに歌、ダンスの成績発表が貼り出されるという。それじゃあきっと俺なんかいつもビリッカスでダメだったなぁ、と話をしているうちに、

「あー俺は四季に行かなくて良かったよ。行っていたらとっくにクビか、じゃなければ浅利さんと喧嘩して辞めてたなぁ」

と笑った。

正座員になってからの文学座での年収は一年目が、忘れもしない十一万五千円だった。それが二年目になると二十二万円になった。そして三年目はなんと四十八万円になったのだ。あーそうか！　これは倍々ゲームで行けるんだな。そうすると都内のアパートでも住めるかなと思っていたが、なんと収入はそこでピタッと止まり、そのまんま退座するまでほとんどそんな感じだったと思う。弟が見るに見かねて、

「兄貴そんな収入のないことといつまでやってるんだ。俺が金を出してやるから喫茶店でもやったらどうだ」

と言ってくれたものの、私は烈火の如く怒って、

「何を馬鹿なことを言っているんだ。俺は金のために芝居をしているんじゃない」

と嘯いたが、内心忸怩たる思いがあった。

運命的な出会い　蜷川幸雄とつかこうへい

一九七四年、二人の大演出家との運命的な出会いがあった。

一人は、かの蜷川幸雄氏。

東宝が五月に日生劇場で市川染五郎（現・二代目　松本白鸚）主演、蜷川幸雄演出の『ロミオとジュリエット』をやる。ついては私に、ロミオの親友ベンヴォーリオの役をやらないかと依頼が来た。憧れの日生劇場でシェイクスピアが出来る。しかも演出が蜷川幸雄さんというアングラの鬼才だ。主演は歌舞伎界、梨園の御曹司・市川染五郎。私はもちろん喜んでお受けした。

この『ロミオとジュリエット』が蜷川幸雄さんの商業演劇界、伝説のデビュー作だ。蜷川さんのことは映画やテレビで見て顔は知っていた。芝居は観たことがなかったが、かなり過激な演出をするという噂は聞いていた。

稽古初日、出演者やスタッフの紹介もそこそこに、すぐ立稽古を始めるという。何しろ出演者だけでも百人近くはいたと思う。だから稽古場も椅子など置くスペースもない。椅子に座っているのは染五郎さん、中野良子さん、金子信雄さんら数人で、蜷川さんはじめ他のみんなは床に体育座りだ。主な役どころは東宝演劇部から集めていた。文学座からは私と三木敏彦さんだけで、あとは色々なところからの寄せ集めだった。

初めて会った染五郎さんは、正に貴公子そのものだったが一言も発しない。ジュリエット役の中野良子さんは、売り出し中の綺麗な華だった。

蜷川さんの稽古はいつも本読みをしないという。事前に渡された台本を全て覚えてこいというお達しはあったものの、まさか本当に初日から台本を離すことはしないだろうと甘く見ていたが、そのまさかだった。

芝居の初顔合わせというのは通常、プロデューサーからスタッフ紹介、キャスト紹介があり、そして演出家から演出意図などの話があって、休憩を入れた後、本読みとなるのが習わしだ。が今回はとにかく、いきなり立稽古を始めるという。みんな戸惑っていたが、お構いなしだ。

一幕一場はモンタギュー家とキャピュレット家の大勢の喧嘩の場面から始まる。まず東宝の俳優さんが一言声を発し、五、六行いくと、蜷川さんが、

「ちょっと待て。違う！　もう一回最初から」と怒鳴った。

エーッと思いながら見ていると、また三、四行芝居が進む度に蜷川さんは、

「だから違うんだよ、もう一回！」と言う。また最初から始めると、

「誰に向かって喋ってるんだ。対象物が見えないんだよ。嘘芝居するな」

他の俳優が台詞を言っても、

「違うんだよ、馬鹿野郎！　そんな芝居やってるから商業演劇はダメなんだよ！」

と来た。既に初めの半ページの台詞を十回以上やらされている。スタッフ、キャストを含む百人がその俳優さんに注目していた。私は私より年嵩のその人が気の毒になった。

蜷川さんのダメ出しは、言わんとすることが分からなくもない。それにしても、初めましての初日から「馬鹿野郎」はないだろう。かなり暴力的な人だなぁと思った。「なんだ、この演出家は」という顔をして、みんな驚いている。東宝の先輩たちの目はどんどん血走ってくるし、戦々兢々《きようきよう》だ。とても芝居の稽古場とは思えず、ついに初日の稽古は一ページも進まなかった。

私と三木さんは顔を見合わせて「ヤバいな」と目配せしあったが、丁度我々の出番の寸前で初日の稽古は終わった。さて、翌日は台詞を全部入れておかないといけない。けれど幸いにして、その台本は二年前にアトリエ公演でやった『ロミオとジュリエット』の台本と同じ小田島雄志さんの訳だったので、私は親友のベンヴォーリオの台詞も、大方頭に入っていたのだ。それが幸いした。

二日目に、前日の稽古を見ていて「私には出来ません」と、白旗を揚げた俳優たちが数人出た。東宝演劇部としては異例のことだった。

稽古三日目にしてようやく私の出番が来た。初めて染五郎さんと二人で会話を交わす場面だ。それまで、「馬鹿ー、豚ー、死んじまえー」と怒号が飛び交っていたが、私と染五郎さんのシーンが終わると蜷川さんは、

「よーし出来た。ほら見ろ。梨園と文学座の俳優がやればここまで出来るんだよ」と、満座の前で私たちを褒めた。私はビックリしたし、照れくさくて、穴があったら入りたい気分だった。

それが蜷川さんとの出会いだった。以後、なんと十本の芝居をやったが、あの初日の稽古場のことは二人の間のいわゆる共同戦線協定になっていた。私にとってはとてもラッキーなことだった。

稽古が何日か進んだが、ダメ出しの厳しさは増した。蜷川さんも俳優たちもお互いになじめない。まぁそうだ。初日にああいうダメ出しの仕方を受けた方は、楽しんで稽古場には来られないだろう。けれど演出家の意図するところも分からなくはない。これはまずいんじゃないかなと思った私は、染五郎さんに、

「どこかで飲み会か何かやった方がいいんじゃないですか？」

と、提案した。染五郎さんは、

「ああ、それはいいね、西岡君、何かやってよ」

と賛同してくれたので、中根公夫プロデューサーに私が進言したところ、

「うん、それはいい案だ。僕も何とかしないと、と思っていたんだ」と言う。しかし、この人数が入れる店などそう簡単には見つからない。そこで交渉すると日生劇場が地下の会議室を三部屋ぶち抜いて開けてくれた。

そこでスタッフ、キャスト百二十人ぐらいの大パーティーが始まったが……全く盛り上がらない。これじゃ全然意味ないな、と思っていたところに、文学座の先輩の三木さんが突然何の前触れもなく、

「皆さん、只今より西岡トクミのストリップが始まりまーす」

と言って、持ってきていたラジカセで音楽をかけ、パチパチとライトを消した。私はえーっ!?　と思いながらも、「まぁ俺が言い出しっぺだし。これじゃあ何とかするしかないか」と、音楽に合わせて着ているものを一枚ずつ脱ぎ出した。その内にキャーキャーピィピィーとみんなが囃し立て始めた。最後にパンツ一枚になったところで

終わるつもりだったが、染五郎さんが自分の被っていた毛糸の帽子を脱いで、私に渡すと、

「西岡君、これで隠しな」

と言って頷かれた。私は、「えぇー全部脱ぐの?」と思いながらも、しょうがねぇや、ここまで来たんだ、もうやっちまえと思い、パンツまで全て脱いでそれを放り投げた。そこからはもう何だか訳が分からないぐらいの奇声、嬌声でパーティーは一気に大盛り上がりになった。蜷川さんはと見れば、床を転げ回って笑っていた。

これが良かったのか、次の日、蜷川さんからは、

「トクミ、ありがとうな」

と言われ、皆からは、

「トクミちゃんがあんな馬鹿やるとは思わなかった」

と笑われた。それから稽古場は大いに盛り上がり、何だか活気が出てきた。

「ほらね、馬鹿と鋏《はさみ》は使いようだよ」と、私は一人ほくそ笑んだ。

しかし、一旦芝居の稽古に入ると、蜷川さんの罵声は止まらない。椅子には座らず、床に尻をつけ膝を抱え込み、くわえ煙草で食い入るような眼差しで見つめ、誰かれな

く怒鳴る。上手くいかないと思うと、

「なんで出来ねぇんだ！」

と灰皿が飛んでくる。そしてしきりにポケットから何か出して、ポリポリ嚙んでいる。不思議に思って稽古終わりに、

「何食べてるんですか」

と聞いたことがあった。答えは、

「胃薬だよ、下手クソな芝居観てると、胃が痛くてたまんねぇからだよ」だった。

ジュリエット役の中野良子さんも大変だった。

「良子！　金魚みたいに口パクパクしてんじゃねえ。もっと感じろ！　感じ方が足りねぇんだよ。馬鹿、不感症〜」

稽古初めには、ふっくらしていた可愛い顔も、もはやすっかり痩せ細って、「どうやっていいか分からない」

と相談を受けたことがあったが、

「大丈夫、大丈夫。どんどん良くなってるから」

と慰めるしかなかった。

蜷川さんは乳母役の山谷初男さんには、

「ハッポン、違うんだよー馬鹿野郎」

を連発する。同じことを何回も何回もやらされ、たまりかねた山谷さんが涙をボロボロ流し泣きながら、

「俺、もう出来ないよー。じゃ蜷川さん、あんたやってよーっ」

と訴えた。すると蜷川さんも間髪を容れずに、

「馬鹿野郎、俺は自分じゃ出来ないから役者辞めたんだぁ」

と来た。でも、稽古終わりの帰り際に蜷川さんが、

「ハッポンは不器用なのがいいんだから、いいよ、自由にやって」

と、優しい言葉をかけていた。山谷さんが、

「うん」

と頷き、また、

「わぁーん」

と泣いた。

その旧友同士の友情溢れるやり取りを見ていて、出来なくても何とかしたいと必死

にすがる男、自分は出来ないがこの男に何とかやらせたいと思う男の二人に、私はある種の素敵な哀愁を感じた。

蜷川さんという人は、普段はとても穏やかで優しいし、むしろ内気な感じに見える。しかしそれがいざ演出家になると一変するのだ。正に獲物を狙う豹のように。そのどちらも蜷川幸雄だ。

このときの『ロミオとジュリエット』での私の役割と言えば、狂言回しに近かった。ロミオの親友マーキューシオ役の東野英心《とうのえいしん》さんが、稽古前に足を骨折して松葉杖状態になり激しい動きが出来なくなった。そこで蜷川さんから「トクミ、好きに動け」とのお墨付きを貰い、その分私が動き回った。舞台上手のライオンの口から水が出ているプールに飛び込んだり、剣に刺した本物のリンゴをかじりながら台詞を言ったり、縦横無尽だった。誰か他の役者がオレンジを持ってきたが、

「それはもうトクミがやっているからダメ。何か違う発想をしろ。早い者勝ちだぞ」

と発破をかけられていた。

他人と違う発想か。自分が文学座でロミオをやったアトリエ公演で、金内さんから言われた「何かしろよ」という言葉を思い出していた。

そして、この芝居には忘れられない出来事がもう一つ。いよいよ初日の、開演三十分前の案内放送が流れた時、私の楽屋に蜷川さんが飛び込んできた。

「ちょっとこの部屋にいさせてくれる?」

と言って床にバタッと倒れ、海老反りになって苦しがっている。

「どうしたの? 蜷川さん」

と尋ねると、

「こんな芝居の出来で、これで幕開けていいのかと、胃が痛くて痛くてたまらないんだ」

と言って足をばたつかせている姿に、私は背中をさすりながら、あぁこの人は信じられるなと思った。

結果、公演は大当たり。世に演出家・蜷川幸雄の名を知らしめる大出世作となったのだ。以来、蜷川さんは私の顔を見る度に、

「お前とは戦友だからな」

と言うのが、密かな合言葉だった。

後年、この芝居の稽古初日の様子を蜷川さんと話したことがあった。唐十郎作の

『唐版　滝の白糸』の芝居の打ち上げの時だ。蜷川さんはあまり酒を飲まない。珍しくそばに誰もいない。私は横に座り話しかけた。昔、大映撮影所でやった『滝の白糸』の話から、『ロミオとジュリエット』の話になり、

「しかし、あの初日の稽古場は凄かったね。芝居の稽古というよりも、百対一の喧嘩売ってるみたいで。でもカッコよかったよ」

と私が言うと、

「うん、あの時はなぁ徳馬……」

と絞り出すように話してくれた。

「櫻社を離れて東宝でやると言った日、一緒にやってきた仲間たちから裏切り者呼ばわりされて、追われるように歩いた明け方の新宿の街の風景が原点だったんだ。俺は一人で歩きながら、絶対に負けねえぞと、あの朝の風景に誓ったんだよ」と。

数十年経って、『ロミオとジュリエット』稽古初日の戦いの意味が分かった。あえて自ら背水の陣を敷き、孤高の戦いを挑んだのだと。

しかし……あの稽古風景を知る人も、極わずかになってしまったか。

もう一人の天才は、稀代の現代版戯作者《げさくしゃ》、つかこうへい。

一九七三年暮れ、アトリエ公演のつかこうへい作『熱海殺人事件』を観た。凄い衝撃だった、と言いたいところだが、実はそれほどのインパクトは感じなかった。何か、もう一つエネルギーを出す方向が違うように感じたからだ。

「それ」が何かこの時には分からなかったが、「それ」は追々分かるようになる。

この公演で彼は岸田國士戯曲賞を最年少で受賞した。

そして一年後の一九七四年暮れにアトリエ公演で、つかこうへい作品をやることになった。タイトルは『戦争で死ねなかったお父さんのために』。舞台は一九七四年。太平洋戦争が終わって二十九年も経っているのに、今頃になって郵便配達員が、渡さなかった召集令状を渡しに来る、というシチュエーションから始まる群像劇だ。アトリエ公演だから、演出はもちろん文学座の少し先輩の演出家だ。私の役は、高原駿雄《たかはらとしお》さん演じるお父さんの息子と、日の丸中尉の二役だった。稽古は終盤に入っても、演出家はじめ俳優たちも、既存の芝居と違い、斬新というか、飛びぬけて面白すぎる脚本に、解釈もてこずり、表現方法にも苦しんでいた。もう明日は舞台稽古、明後日は初日という切羽詰まった日だった。「お待たせしました。ちょっと、近所まで来たもので」とでもいうかのように一人の男がふらーと稽古場に入ってきて、演出の長崎紀昭さんの横に座って芝居を観ている。その内、先輩の小林勝也さんや三宅康夫さんらに、ああしろ、こうしろと注文を出し始めた。脚本にない台詞までどんどん付け足すではないか。彼を誰だか知らなかった私は不審に思い、後輩の田村勝彦に、

「誰だ、あいつ」

と聞くと、田村は、

「トクミさん知らないの？　つかさんだよ」

と、半ば呆れ顔で言われた。あれが噂の「つかこうへい」か、とその時初めて知った。その後、演出助手に促されて紹介されたが、彼は、

「つかと申します」の一言だった。私も、

「西岡です」とだけ言った。

つかは、実は稽古初日に来ていたようなのだが、私はその日別の仕事があり、いなかったのだ。なので、私だけ知らなかった。

だがその後、あんなに仲良しになるとは。

しかし、彼が来てからの稽古は面白かった。今までの三週間は何だったのかと呆れ

るほどだった。もう少し前に呼んでおけよと思ってスタッフに言うと、随分前からお願いしてたんです、と言う。前日まで、「なんでここでこんなことを言うんだろう？なんであんな台詞を言うのだろう？」と悩んだことが嘘のように明白に解けていった。そりゃそうだろう。書いた本人に聞いているんだから。普通の芝居なら大体の解釈、推理は出来る。しかし、この男の場合はそうはいかない。下手に推量して進めると、とんでもないところに行ってしまう。劇的構造が違うのだ。

それにしても、初日前の三日間で芝居ががらりと変わったのは大変だった。何より付け足しの台詞を澱みなく言わなくてはいけない。私は昔から台詞覚えは割と得意な方だった。文学座の稽古始めでは必ずテーブルを囲んでの本読みが一週間くらいあり、その間に相手の台詞も覚えてしまうので、皆から呆れられていたほどだった。だから台詞の付け足しに関しては苦にならなかったが、台詞覚えの苦手な人は大変だったようだ。私の場合それでかえって緊張感が増して楽しめた。口立てですぐやるというのは、即興的対応が好きな私の体質に合っているのかも知れないと思った。

本番は大いにウケた。初めてアトリエ公演を観に来た父にも、

「今まで見たお前の芝居の中で一番面白かった」と言われた。内心「えーこれが一番

かよ」と何だか複雑な気持ちだったが、この芝居の面白さが分かるなんて親父もセンスあるじゃんと嬉しく思ったのは確かだ。

本番中、つかは毎日のように芝居を観に来た。そして、終演後は必ず飲みに行って、色んな話をしているうちに、私はこの逆説を多用する二つ年下の男の面白さにどんどんはまっていった。

彼は他人の私生活の話を聞き出すのが好きだ、というより上手いと言った方が正しいか。そしてそれをネタに次の日に芝居になるなんてことがよくあった。もっともそれに気が付いたのはもっと後のことだったが、当時はそれに気が付かなかった。

私はその頃宇津宮さんと別れ、青山のアパートに一人で住んでいた。

ある日つかが、

「今晩お前のうちに泊めてもらえないか？　今週刊誌の記者に追いかけられていて、うちに帰りたくないんだ」

と言うので、

「ああ、いいよ」

と気軽に私のアパートに呼んだ。安いウイスキーを飲みながら芝居の話から、女の話など面白おかしく語り合った。夜の十二時になったのでちょっとラジオをつけてもいいかと断って、いつも聞いているエフエム東京の『ジェットストリーム』に耳を傾けながら、ベッドマットを下におろし、彼にはそこで寝てもらい、私は硬いバネの上でいつの間にか眠りに落ちた。

明け方、新聞配達が来てドアについているポストに新聞を入れた途端、彼はガバッと起き上がって新聞を取りに行き広げて読み始めた。私が、

「何を見ているんだよ？」

と尋ねると、

「ああもうダメだ。もうダメだ。こりゃあもう家へ帰れない」

と言っている。

「なんで帰れないんだよ？」

と聞くと、読んでいたその記事を私に見せた。見ると、広告欄に週刊誌の見出しが載っており、つかはそこを指さした。当時、有名になっていた某女優Mとの熱烈交際の見出しだ。

「なんだ？　これがダメなのか」

と言うと、

「見出しだよ！　見出し！　女の名前の方が大きいだろう？」

確かに女優Mの名前の活字が大きくて、小さい字で「新進気鋭の劇作家つかこうへい」と載っていた。

「この活字の大きさがダメなの？」

と尋ねると、

「女の名前の方が大きい記事なんて、親父が見たらどやされる」

と返してくる。

「これじゃあもう、国に帰れない。うちの国はそんなところだ」

と言うつかに、私は、

「国……？　お前の国ってどこなの？」

と、北海道とか九州とかのつもりで聞いたが、つかは、

「俺は韓国だよ」

と言った。私は全く知らなかったのだ。

「あぁそう。俺はお前が韓国だろうとどこだろうとかまわないよ」

と伝えると、彼はあの愛くるしい顔でニコリと笑った。また一つ親交が深まった瞬間だったかも知れない。

一年後、先輩の小林勝也さんから、つかが自分の劇団でやったことのある『初級革命講座　飛龍伝』を自主公演でやってみないかと誘われた。

場所は池袋の小劇場シアターグリーン、共演は当時つかこうへい劇団にいた井上加奈子さん。登場人物は三人だ。演出は小林さん自身がするという。私はまたあの面白いつかこうへいの台詞が言えるのかと、ワクワクして企画に乗った。

夏の暑い日だった。私たち三人は毎日稽古に励んだ。その稽古場には、つかは来なかったが、稽古はそれなりに楽しくやっていて、まぁこんな感じかなと思っていた。が、初日の三日前、またしても彼は突然やってきた。そして挨拶もそこそこに中央に座り、頭から行こうと言うなり、台本にはない台詞がどんどんと継ぎ足される。例の口立てだ。この日の口立ては一段と凄みを増していた。内容はもちろん、何のメモも参考資料も見ずに、湯水が如く溢れ出る台詞、台詞、台詞。それを何度も何度も繰り返し私たちに言わせる。その場で思案している風でもない、とにかく口から溢れ出るのだ。一体この男の頭の中はどうなっているんだろうと思った。何か憑いている。この男の背後にはとてつもないものが憑いている。私にはそう見えた。

『初級革命講座　飛龍伝』には、色々なバージョンがある。私が参加した『飛龍伝』は、かつて学生運動でデモ隊の先頭にいて死んだ男の父親・熊田、死んだ男の妻、そして元機動隊員・山崎の三人の話だ。熊田は息子の妻に機動隊のジュラルミンの盾をぶち破る伝説の石「飛龍」を探させている。そこへ山崎が、監察官となって、熊田がちゃんと挫折しているかどうかを調べに来るという突拍子もないものだ。

その日、演出の小林さんも今日ばかりは、つかに任せるとバトンを渡した。すると早速こうしてくれと注文が出た。熊田と山崎という二人の男のやり取りの中で、お互いに台詞を言う度に、指をパチンと鳴らして「はい、あなたどうぞ」とばかりに相手を指させと言う。それを受けた相手がまた台詞を言い終えたら指を鳴らして相手を指さす。しばらく指示通りにやってみたが、どうにもその指パッチンの意味が分からない。私は業を煮やして、この指のパチンパチンは何なんだと尋ねた。すると、ニヤリと口が動き、お前には分からんか、とでも言いたげな顔で、

「ゲームだよ。これは二人のゲームなんだ。二人してゲームをやって遊んでいるんだよ」

とつかが言った。そうか。そういうことか。これは二人のごっこ遊びだったのか。それは読み取れなかった。じゃあ、今まで稽古してきた芝居は違うじゃないか……なんでもっと前に来てくれなかったんだよ。そう思ったが、そうかこれはつかの手なんだと気付いた。『戦争で死ねなかったお父さんのために』の時もそうだった。自分が演出家で入っていない時は、ほとんど稽古に来ずに、その時の演出家にやらせて、お前たちはどんな風にやるのかと見ている。そして、ギリギリになって、それまでやってきたことをひっくり返すのだ。これを奴は面白がっている。そういうことだったのか。どうだ、貴方《あなた》たちには分からなかったでしょうと。しかも、本番三日前になって初めて気付かせるのであった。

「策士め。全く質《たち》の悪いヤローだよ」

これは君のよく使うフレーズだよ、つかくん。

でもこうした策略と根性を持ち合わせていなければ、こういう作品は生まれなかっただろう。これも一種の才能だ。私は改めて、奴を憎々しく思いつつも共鳴した。

そして、これだと思った。この非日常の捉え方が、文学座の『熱海殺人事件』からは感じられなかった「それ」だ。つまり、つか作品のリアリズムは、それまでの演劇にはなかった劇的リアリズムとでも言おうか、ゲーム的な遊びの感覚だ。もっと分かりやすく言えば劇中劇的感覚だ。それはつかが自分の演出でやる『熱海殺人事件』を見れば一目瞭然だ。

幕開きに、刑事部屋に大音量で鳴り響くチャイコフスキーの『白鳥の湖』。その音楽の中、電話で誰かを怒鳴り散らしている主人公の木村伝兵衛部長刑事の衣装は、あろうことか黒のタキシード。ここから始まれば誰でもこれは既成のリアリズム演劇とは違うということが分かる。

これは普通とはちょっと違うお芝居ですよ、と観客はのっけに知らされる。知らされた観客の方も、ああ、そういうお芝居ねと、肩ひじ張らずに観られるという訳だ。

しかし、この時の『飛龍伝』はまたいつものつか作品とはちょっと違った、随分と地味な入り方の芝居だった。

せんべい布団に胡坐をかいて座っているよれよれの浴衣姿のくたびれた男と、清楚だが地味な女の静かな会話から始まる。観客は、「さあ、つかさん今日はどう笑わせてくれるんだい」と目を凝らし、耳を澄ませているのが手に取るように分かった。

当時のシアターグリーンは座席のあるような劇場ではなかった。みんな床に重なるように座っていた。初日、もう客入れの時間だというのにまだラストシーンが出来ていなかった。

「おい。終わりはどうなるんだ？　これ」

という私の問いにも、つかは答えない。

「おい照明部。撮影所にあるようなでっかいライトを持ってきて、真っ赤な光でセンターのトクミを照らせ」

そんなのもう間に合うはずもない。私は、またあんなことを言って、なんか策を弄しているな、何をするんだ？　と思っていた。

ギリギリの時間になり、制作スタッフが、

「つかさん、もうお客さんでいっぱいです」

と伝えると、

「何人ぐらい来てるんだ？　百人超えたら教えろ」

「百人は並んでます」

「よし分かった、じゃああと五分だ」

と言って、私を舞台のセンターに立たせ、大仰なクラシックの曲を流し、

「おいトクミ、トレンチコートを肩に羽織って後ろ向きに歩いて行って、曲の良いところでパッと振り返り『熊田ぁー』と絶叫しろ、そこでライトがガチャンと消えて終わり。よーしこれで行こう」

ただの口約束で、一度も稽古させず幕が開いた。

新宿騒乱事件の記憶もまだ鮮やかな時代だったから、全学連や機動隊、革マルだ、中核だ、ゲバ棒だ、そんな言葉が出る度に客はやあやあと反応し笑っていた。

デモ隊の華といわれていた女性を追いかけ、電話ボックスの中で放水でずぶ濡れになって倒れている彼女を抱え上げ、自分の三畳一間の部屋に連れて帰り、必死になって看病し、気が付いた彼女に、

「初めましてではありません。私はずっとあなたのことを見ていました。あなたはいつもスクラムの真ん中におられましたね。私はいつもあなたに会うためにデモに参加し、あなたを間近で見ておりました。僕たちは、あなたのことを全学連の華と呼んでたんですよ。元気出して下さい。僕、機動隊の山崎です」

と言った瞬間の客席の悲鳴に近い声といったらなかった。身を乗り出して舞台の床を叩きながら笑っている客もいた。

そしていよいよ一度も稽古していないラストシーンが来た。私は言われた通り後ろを向いて三歩進み、振り向きざまに「熊田ぁーーーーー」と思い切り叫んだ。真っ赤なライトがガチャンと落ちた、と同時に私の身体も床に落ちた。一瞬何が起きたか分からなかった。脳貧血だった。我に返りとにかく舞台からいなくならなくてはと、暗闇の中、四つん這いでうっすらと明かりのある方へ移動したところにパーンとカーテンコールの明かりが付いた。その無様さに観客も一瞬止まったが……わぁーと大受け、これも演出と思ったに違いない。

恥ずかしいやら喜んでいいやら、訳が分からずの初日だった。

今思えば私にとっても、熱く熱く燃えていた蒼い時代の良き思い出だ。

『初級革命講座　飛龍伝』はその後色々な俳優たちで、何度もやったが、やる度に変わっている。それは演じる俳優に合わせてつかが創り変えるからだ。そしてその時代の文化、風俗、時事ネタを多用してそれを面白がって創っていたものの、後年の『飛龍伝』では、

「最近の若い奴は学生運動もゲバ棒も知らねぇからよ。そこから説明しなくちゃならないから芝居が長くなって大変だよ」

と、奴独特の嘆き節も聞こえたが、そこには「そんなのに負けてらんねぇのよ」という風情があった。兎にも角にも、つかこうへいという男は、実に面白い男だった。

蜷川とつかのお二人にはこの先まだまだ登場してもらうので、一旦文学座に戻ろう。

「みなまで言うな」の役者修業

一九七三年の文学座は、日本の芝居が多かった。有吉佐和子作『ふるあめりかに袖はぬらさじ』での、舞台でカツラをつけた武士の役は、前年に玉川大学から地方公演をするのでと誘われた、遠藤周作氏の『黄金の国』で演じた長崎奉行・井上筑後守の役に続いて二度目になる。

演出の戌井さんの脇で稽古を見ていた原作者の有吉さんから、

「あなたのその手が邪魔なのよ。もうその腕から下、切ってしまいなさい」

と満座の中で厳しい叱責を受けた。それまで洋物芝居が続いていたので、着物の芝居でも手を使う癖が抜けていなかったようだ。その叱責がとても悔しかったので、私は袴を穿いた武士の立ち居振る舞いと剣さばきを随分と研究した。初日前の舞台稽古では有吉さんから「あなた随分良くなったわよ」と言わしめるに至った。厳しい言葉もしっかり受け止めるのが大事ということだ。

次にやったのは、久保田万太郎作品『大つごもり』だった。

文学座には龍岡晋という久保田万太郎の生き字引のような方がいらして、そのお方から手ほどきを受けた。特に江戸弁の喋り方だ。しかし、江戸弁だけではなく、万太郎作品は間が大事なのだ。台詞と台詞のやり取りの間の取り方で、空気感がまるで違う。それまで速射砲のようにスピード感溢れて喋ることを要求された蜷川幸雄、つかこうへいにはなかった間の取り方である。この久保田万太郎作品から、芝居は喋るよりむしろ聞く方が大事で、ちゃんと相手の言葉を聞いて会話をするということを学んだ。

芝居は心理だ。その役の人間が何を考え、どのような行動をしようとしているのか、その心の中を観客に想像させなくてはいけない。龍岡先生の教え方は実に上手くて、まずとても上手に褒めてくれる。そして褒めた後に、

「西岡さん、良いですねとても良い……けど、もう少しそこのところを、こうすれば、

もっと良くなります」

という言い方をしてくれた。人間褒められると嬉しいものだ。よーしじゃあもっと褒められるようにますます磨きをかけるかと、何度も何度も稽古した。

この『大つごもり』という芝居は、明治の東京のある家に大晦日に起きた話。裕福な家の使用人・お峰という女の子のところに、「実家がお金に困っていて明日の正月も迎えられない。姉さん何とかなりませんか」と、妹が訪ねてくるのだ。その場では、何とかするからと妹を帰すお峰だが、元より何とか出来るはずもない。その家の奥さまに「お金を前借りできませんか」と頼んでみるが取り付く島もない。そこへ放蕩息子の石之助が実家に金をせびりに帰ってくる。がやはり彼も金の無心を断られて、床の間で酒を飲んで寝てしまうのだ。お峰は石之助が寝ているのを確認して、その部屋に置いてある手文庫から金を盗み、そっと去る、と同時に石之助が寝返りを打ち、ライトが消える。

果たして石之助はお峰が金を盗んだことを知っていたのか、それとも知らないままなのか？

観客の心が揺れる名場面にもかかわらず、石之助を演じた私は、そこで一度大失態を演じた。お峰の去る姿が、観客から見えているか見えなくなるかのギリギリのところで、ゴロリと寝返りを打たなくてはいけない。動きがきっかけで照明が消えるのだ。だがある日、舞台袖から舞台監督の、

「トクミ、ト、ト、トクミーッ」

と押し殺した悲痛な声が聞こえた。

「あーー俺だぁ！」

私は慌てて寝返りを打ったが、十秒は経ってしまっていたらしい……本当に寝てしまっていた！　この芝居の一番大事なシーンで。

当時は、大きなしくじりをした時は罰として蕎麦をおごらなければいけなかった。出したのは言うまでもない。みんなに平謝りしてトチリ蕎麦だ。

続けて、『十三夜』という万太郎作品をやらせてもらったのも幸運だった。しかも、戌井先生から直に指導を受けることが出来た。脚本もとても良い話だ。遊女に入れあげ、布団屋を潰し家族も捨て、今は落ちぶれて人力車の車夫となっている男が、ある夜客を乗せる。その客こそ昔好き合っていたが、家の事情で泣く泣く別れた女だった。女もその男と知って車を降りる。そして十三夜の月が照らす夜道を二人歩きながら、

お互いの不幸な境遇を語り合う、いいシーンがある。

その時も戌井先生から、

「もっとゆっくりと台詞を言いなさい。急ぐんじゃないよ。そして相手の顔を真っ直ぐに見ちゃあいけない。それじゃ色気も何もありゃあしない。顔が見たくなったら、女が顔をそらせた時、そっと後ろから、女のうなじの辺りを見るんだ。まともには見られないいんだよ。そして女が振り向きそうになったら、すっと顔をそらす」

私はこのサジェスチョン一つで、この芝居の時代、状況、意味を理解することが出来た。

「みなまで言うな」

久保田万太郎作品にはぴったりのご指導であった。

龍岡、戌井の両先生の教えで私は久保田万太郎が大好きになった。今でもこういう芝居をやってみたいと思う。

次の芝居『牡丹燈籠』は国立劇場の大ホールでの上演だった。大西信行さんの脚本は落語ネタが入ったとても面白いもので、杉村さんはじめ、北村和夫さん、加藤武さん、皆さんとても気に入っていた脚本だった。

私の役は、幽霊になったお露に取り憑かれて死ぬ萩原新三郎という二枚目浪人。この時は歌舞伎風の化粧をするということで、人に聞いて色々化粧品を買ってはみたものの、やり方が分からない。家で一人、見様見真似でやってみたが自分でも笑っちゃうほどメチャクチャだった。

この芝居はダブルキャストで、前半に出演していた大出俊さんにコツを教えてもらおうとしたが「慣れだよ」と言うだけで、私もまあそうだろうなと思って家で何度かやっている内に、舞台稽古の時期になった。

楽屋で、敵役をやっている同期の塩島昭彦と二人で、メイクアップをどうしたらいいかとさんざん苦心しながら格闘していると、笑いながら見ていたタケさんこと加藤武さんが、「よしじゃあ俺が教えてやろう」と言って、私たち二人の顔の化粧をやってくれた。まあ、自分でやるよりはましかなあと思うくらいの出来栄えだった。

カツラをつけ、衣装も着て舞台に出て行くと、杉村さんが私の顔を見るなり、ぷ〜っと吹き出して、

「あなた何その顔。鼻のとこだけ真っ白にして、それじゃあまるで競馬馬よ」と笑われた。

塩島の方は、

「あんたも何その顔、それじゃまるで羽子板よ。そんな顔相手に芝居なんか出来ないわよ」

と言われ、私たちもお互いを指さして、杉村先生さすが上手いことを言うと大笑い。楽屋に戻ってそのことを加藤さんに、

「杉村さんから競馬馬と羽子板と言われましたぁ」

と冗談ぽく伝えると、今度は彼がぷんぷんに怒って、

「何ぃー!?　じゃあお前たち二人、自分たちで勝手にしろ」

と言って楽屋から出て行ってしまった。タケさんの癇癪は有名で、一度切れたらなかなか収まらない。塩島と二人で顔を見合わせ、こりゃしばらくはダメだなと、芝居どころではなかった。

というわけで、化粧は初めから全部やり直しと相成った。しかし、大出さんの言う通り。「習うより慣れろ」で、先達たちのご指導もあって、白粉《おしろい》を塗る前の下地を、鬢付け油からクリームに変えて楽になったり、色々工夫したりして、段々に上手くなっていったようだ。メイクアップがこれほど大切なものとは、それまで感じたことが

なかったし、勉強になった。これも文学座にいたお陰だろう。

翌年の一九七五年には、新宿紀伊國屋ホールで『ハロルドとモード』という芝居で初めて本公演の主役を演じた。

ハロルドは自殺願望の強い少年で、芝居の幕が開くと早速舞台中央の高いところで首吊りをしている。母親が部屋に入ってきてそれを見るが、別段驚かない。彼はいつも自殺したいと願っている少年なのだ。あの手この手で自殺未遂を繰り返し母親を辟易させている。ある日、教会でモードと名乗る不思議な老婆に会い、彼女から色々なことを学んでいく。自由奔放でやりたいことをやるモードの姿にハロルドはどんどん惹かれていき、ついにはモードと結婚したいと言い出し母親は驚きのあまり気絶してしまう。モードは自分の八十歳の誕生日にハロルドを招いて私からのプレゼントと言ってゴングを渡す。そしてモードは密かに薬を飲み死んでいく。ハロルドは狂わんばかりに嘆き大泣きするが、プレゼントのゴングを鳴らすとハロルドの中にモードから言われた「自由に生きるのよ」という言葉が蘇り、そして生気が芽生えていく。

生きることの意味を考えるとても良い作品だった。モード役の長岡輝子さんはこの役にぴったりの自由な方で、全てがぴったりのモードだった。芝居中に台詞を忘れ、

私の顔をじっと見て観客にも聞こえる声で、

「あら、あたし……なんて言うんだっけ」

なんてざらだった。ペロッと舌を出して、それが可愛らしいので観客まで笑っていた。北海道、東北と二ヶ月にわたる地方公演の長い旅も実に楽しかった。


その旅に出る前にまた東宝から蜷川幸雄演出、市川染五郎さん主演の『リア王』でケント伯の役をやらないかというオファーを貰い、大変驚いた。『リア王』という芝居は、もっともっと熟年の俳優たちがやるものじゃないかと思っていたし、大学の公演旅行の時、本場イギリスのロイヤルシェイクスピア劇場で正にこの『リア王』を観た私としては恐れ多いものがあった。しかし、果たして蜷川幸雄がこの作品をどう料理するのか。出来れば俺もその料理人の中に入りたい。ましてや染五

『ハロルドとモード』長岡輝子さんと筆者

郎さんならば、ぜひまた組んでみたい。そんな願望から、私は「謹んでお受けする」と返事をした。

そして、この『リア王』は、私の観た『リア王』の中でも、もっとも素晴らしく思える大好きな作品になった。

今では当たり前のようになっているが、当時は出演者が客席から登場なんて演出はなかった。唐十郎さんがテントの中ではやっていたが、劇場で、それも日生劇場のような大きな劇場でこのような演出をするのは、恐らく蜷川幸雄さんが初めてだろう。

幕が開き、暗闇の中で話す二人の男、私の役ケント伯と菅野忠彦（現・菅野菜保之）さん演じるグロスター伯の会話が終わると、林隆三さん演じるエドマンドが客席の奥から現れ挨拶を交わす。そこにファンファーレが鳴り、五十人の男たちが客席の隅々から大声を上げて舞台に飛び込み、ひざまずき床を踏み鳴らしながら「ＫＩＮＧリア、ＫＩＮＧリア、ＫＩＮＧリア」と叫ぶと、センターから財津一郎さん演じる道化が飛び出しみんなに笑われる。そして、もう一度ファンファーレが鳴り、今度は染五郎さん演じるリアが登場といった興奮する幕開きだった。一幕目の終わり、娘たちに相手にされなくなり狂ったリアがどうと倒れた時、舞台中央に仕掛けられた巨大なドームが、ガチャンガチャンガチャンと大きな音を立てながら開く。この朝倉摂さん作の装置も素敵だった。

この公演で素晴らしかったのは、やはり染五郎さんの芝居だった。私より四歳年上だが、まだまだ三十二歳で本来リア王を演じる年齢ではない。しかし彼は立派な老王を演じ、圧巻だった。

この芝居、シェイクスピアは、「リアが最後に死ぬと傍に仕えた忠臣ケントは失念の想いで国を去る」と書いている。稽古中私は、台本にはないがケントも後を追って殉死させて欲しいと蜷川さんに頼んだ。

「じゃ今日の稽古でちょっとやってみな」

と言われてやった。

ケントはリアの亡骸に向かい、

「私は違う国で生きて行きます」

と言い、奥の階段を上りきると、いきなり小刀を抜き胸に突き刺した。そして階段を転げ落ち、リアの遺体に手を触れて絶命する芝居をやった。終わって蜷川さんの顔を覗くと、ニヤリと笑い「いいよ」とOKが出た。さんざん考えたことだったので採用してもらえて嬉しかった。

この公演の後、染五郎さんからお疲れ様の気持ちも込めて、家族で出かけるハワイ旅行に一緒に行かないかと誘われ、十日間の旅行をしたことが忘れられない思い出だ。

その秋、アトリエ公演で『説教強盗』という芝居をやった。中村座という劇団を主宰している金杉忠男さんが書いた作品だ。昭和の初めに実際にいたという、強盗に入った家の人に犯行後、戸締りが悪いだの、犬を飼えだの説教していた犯人の話を、ハーマン・メルヴィルの『白鯨』に絡ませた二重構造の秀作だ。若手ばかりでエネルギッシュにやった。これもまた私の大好きな作品だ。私は説教強盗の役と神父・エイハブ船長役の二役だった。この時の演出が先輩の小林勝也さんで、これが先に書いたつかこうへい君の『初級革命講座　飛龍伝』へと続いたのだ。

文学座では随分と役に恵まれ、師に恵まれた。殊に北村和夫さんには「トクミ、トクミ」と気にかけていただいた。もちろんお叱りを受ける方が多かったが。

蜷川さんとは『ロミオとジュリエット』『リア王』以後、一九七八年に平幹二朗さん主演のギリシャ悲劇『王女メディア』を全員男のキャストでやった。総勢五十人の男たちの芝居は恐らく歌舞伎以外の舞台では日本で初めてだったろう。私は物語終盤に登場する伝令の役だった。伝令といっても、ただの伝令ではない。裏で行われた悲惨な状況を台本十五ページにもわたる長い台詞で伝えるのだ。

そもそもギリシャ悲劇はただでさえ台詞が長い。とにかく全て台詞で説明するのだ。しかし十五ページは本当に長かった。蜷川さんという人は、脚本をカットすることが嫌いで、書かれていることはどんな無謀なことでもやるというのが身上だ。当然ながらカットはなかった。

「トクミはこの稽古場にいなくていいから、どこか違う場所で台詞を覚えてろ」

と言われ助かった。そのまま稽古場にいて、みんなの芝居を見てろと言われたら、とてもこの長い台詞は頭に入らない。稽古場に行く電車の中でもブツブツ言っていたら、周りの人に変な目で見られていたのだから。

これは私だけかも知れないが、舞台の芝居の台詞は、実際に舞台上で出す声と同じような音量で覚えないと、入ったつもりでも出てこないことがあるのだ。私は稽古場に使っていた日比谷の古いビルの屋上に上がり、寒かったのでオーバーコートを着込み、ここなら構わないだろうと一人で大声を出して長い台詞を覚えた。

客席の一番後ろから「申し上げまーす」と叫びながら走って登場し、舞台下からこの長台詞が始まるのだ。王女役の平さんに向かって身振り手振りで十五ページ分を十五分間独演だ。その間、舞台上にいるコロス役の三十人を含めた俳優全員は一言も発しない。私も大変だったが、聞いている皆もキツかっただろう。新聞の劇評が出るとすぐに楽屋の廊下に貼られた。大絶賛の中に、「西岡の伝令役は、裏で起きていることが、目に見えるような見事な演技だった」と書かれたのを見た時、寒風吹きすさぶ屋上でよくぞ頑張ったと人知れず自分を褒めた。

ある日の公演終了後、楽屋口を出ると、親父が一人で立っていた。黙って一人で観に来ていたのだ。そんなことは初めてだったので、

「なんで楽屋に来ないんだよ」

と言うと、

「いやぁ」と変に遠慮がちだった。これからどうするのか聞くと、一人で一杯やって帰ると言う。実は私は、父と飲み交わしたことがなかった。あんなに酒飲みなのに、父は何故か息子たちと飲むのを避けていた。

「自分みたいな酒飲みになって欲しくなかったんだわね、きっと」

と後年母が言っていたのは本当だったかも知れない。

しかし、その日は私のほうが父と飲みたくなって、初めて「飲みに行こうよ」と誘って、銀座で名のあるおでん屋に行った。

親父は何だかやけにご機嫌で、二人ともかなり飲んだ。「しかしあの芝居は皆さん長い台詞ばかりで大変だなぁ」と、そんな話をしていたように覚えている。帰り道、結構酩酊していたので、これはもう電車で横浜まで帰るのは無理だと思いタクシーを拾い、先に俺を降ろしてもらって帰った。私はすぐ母に電話を入れ事情を話し、今夜だけは親父を責めないでくれと頼んだ。母は、

「お前にしちゃあ珍しいこと言うね」

と言ったが「分かった」と了承してくれた。

しかし、それが親父と酒を酌み交わした最初で最後になるとは思いもよらなかった。

バラの匂いと父との別れ

一九七九年、博品館劇場製作、三島由紀夫監修、松浦竹夫演出、有馬稲子さん主演

のジャン・コクトー作『双頭の鷲』に呼ばれた。私は有馬さん演じる王妃を暗殺に来る詩人スタニスラスの役だ。やがて二人は恋に落ち、最後の場面で有名な階段落ちのある芝居だ。

美輪明宏さんがまだ丸山明宏と名乗っていた頃、中山仁さんと演じられた。何しろ三島由紀夫さんの脚本だ。格調高く、美しい台詞で一言一句言い損なう訳にはいかない。演出の松浦竹夫さんからはそのことを強く言われて、多少乱暴でも構わなかった蜷川さんや、つかこうへいの芝居と違う神経の使い方だった。

実はこの芝居の稽古中、プライベートでも心配事があった。前年の夏前から、父が胆石で横浜の病院に入院しており、この舞台も早く治して観に行くと楽しみにしていたが、一回目の手術の後、胆嚢炎と言われて再度手術。しかしそれも違ったようでその後も、肝硬変、胆嚢腫瘍と病名が変わり、その度に手術を繰り返したが一向に良くならない。入院も半年を過ぎ、

「おかしいなぁ、先生は窓から見える木の葉が散る前に家に帰れますと言っていたのになぁ」

と独り言を言う父に、私が、

「抗議してくる」と立ち上がると、

「医者を恨んじゃいけないよ。俺が悪いんだから」という言葉をかけられ、私は動くことができなかった。

稽古も大詰めに入った一月の末、父は亡くなった。六十歳だった。

人一倍頑丈そうに見えた男だったので、まだまだ大丈夫だと思っていた私のショックは大きかったが、それ以上に母が心配になった。年明けから母、私、弟の三人が交代交代で病室に泊まり込み、父の容体を見ていた。前日に私と母が担当医師に呼ばれ、

「もって明日までです」

と聞いた時、母は「あぁーっ」と長い息を吐き床に倒れ込んでしまったのだ。半年間ほとんど寝ずの看病をして張っていた気が急に抜けてしまったようだった。それまで気丈にしてきた母の落胆を目の当たりにして、ここは俺が嘘でも芝居でもいいから、しっかりしたところを見せないといけない、と生まれてこの方感じたことのない醒めた心になった。

医者から、

「今晩が山です」

と言われて、私は母と一緒に病室に泊まることにした。弟は、

「そんなことは絶対にない」

と言って家に帰ってしまった。そう言った弟の気持ちも私には分かっていたが、母はそれまでの数ヶ月まともに寝たことがなかったので、

「今夜は俺が見ているからお母さん寝ていいよ」

とソファーに母を寝かした。母は嘘のようにすぐ寝息を立てた。

私は「今晩が山か」と父の顔をじっと見ていたが、長い夜になりそうだからトイレに行っておいた方がいいと思い、父に、

「小用に行くからちょっと待っててな」

と心の中で呟いて、トイレに行きすぐ戻った。そして病室の洗面台で手を洗い、顔も洗おうとした時だ。両手にいっぱいになった水を顔に近づけると凄く良い匂いがした。バラの匂いだ。なんだこの匂いはと思って、手のひらをジーッと見ると、指の間から漏れ流れた水に代わってそこにピンク色のモアッとした霧の玉のようなものが見えた。顔を近づけるととても良い香りだ。不思議に思いながらベッドの横に座り、父の手を握り、ずっと顔を見ていると、わずか四回か五回呼吸をしたところで、呼吸が

止まり息を吐かない。私はしばらくじっと父の顔を見ていた。母に早く知らせなくてはいけない。でも少しでも長い時間知らせたくなかった。一分ぐらい経ち、我に返り母を起こした。そして枕元のベルを押すと看護師さんが飛んできて、人工呼吸をしたが呼吸は戻らなかった。ふと気が付くと病室の天井の辺り、まるで風のないところで紫煙が浮いているようにピンク色の霧が見えた。まだ良い匂いがしている。呆然としている母に、

「ここに香水でも振った？」

と聞くと、

「何を馬鹿なことを言っているの。すぐに義榮に知らせて」

と言われ、私は公衆電話まで走った。

人の死を目の前で見たのは後にも先にもこれ一回きりだ。人間の死とはこういうものかと思った。明らかに魂が肉体から抜けて、天井から俯瞰しているようだった。私は魂の存在というものを明確に感じた。

その後も長男として冷静に対処しなければならないという、いわば演技をしていたように思う。

ここから私の人生は大きく変わったと言えるかも知れない。

変化は急速にやってきた。弟も自分で新しい印刷会社を設立することになり、私は出来るだけの協力はしなければと思った。

『双頭の鷲』と『ノートルダム・ド・パリ』の危ない奴

『双頭の鷲』の準備でいつもの美容院に行った帰りのことだ。同じビルの中にあるブティックの女主人から声をかけられた。

「あんた西岡君だろ、ちょっとコーヒーでも飲んでいきなよ」と。なんでも時々私がその店の前を通るのを見ていたそうで、今日は暇だから話してみようと思ったらしい。女性だがチャキチャキの江戸弁で面白い人だ。「生年月日教えて」と言うから、誕生日を伝えると「九紫火星《きゆうしかせい》か……今、仕事何してるの?」と聞くので、「もうじき銀座の博品館で芝居をやります」と答えた。

「あんた家どこ?」とまた聞かれ、

「青山三丁目」と言うと、

「あらー。その芝居、危ないシーンない？」

「最後に階段落ちがあるけど」

「そりゃダメだ。悪くすると死ぬよ」

「えぇーっ？」

「だってあんた、あんたの家から見ると暗剣殺《あんけんさつ》だよ」

「じゃどうすれば？」

「とにかくすぐに神社に行って、安全祈願して、このお守りポケットに入れときな」

と言ってお守りをくれた。いつもだったら何だか胡散臭いな、怪しいなと思ったのかも知れないが、不思議とそうは思わなかった。父の病室でのあの体験のせいか、何か人智の計り知れない世界もあるのだろうと感じていたのかも知れない。

その後も、この女性・山口さんには彼女よりもっと九星に詳しいお姉さんを紹介され、姉妹に揃ってお世話になった。以来、私はあちこちと引っ越しをしたが、必ずその土地の氏神様に神社で挨拶をして、毎月一日には欠かさずお参りに行っている。

キリスト教の洗礼も受け、家には神棚を置き、毎朝お参りすることを日課にしている、ちょっと変わった俳優になった。

父の葬儀の一週間後、『双頭の鷲』の初日の幕が開いた。私も父の話にはなるべく触れないようにしていたが、有馬さんはじめ、共演者の方々には随分と励ましの言葉をいただき有難かった。そして嬉しいことがもう一つ。

「楽屋に高校時代のお友達の山崎さんという方が来ています」

と言われ廊下に出ると聖ミカエル学院の同級生、山崎秀房が立っていた。

「俺のこと覚えてる?」

と言われたが、

「忘れる訳ないじゃん。あんなに毎日遊んだんだから」

聖ミカエル学院に通ったのはたった一年間だったが中身の濃い一年だった。

大学の四年と文学座の約十年を合わせて十四年間も会っていなかったのに、よくぞ会いに来てくれた。嬉しかった。彼はその後、私の出る芝居は一本も欠かさず全作品を観てくれて素直な感想を言い、そして激励してくれる大親友だ。

『双頭の鷲』の公演中に稽古が始まった『ノートルダム・ド・パリ』は、キツかった。舞台本番中に映像の仕事とダブったことは度々あったが、違う芝居の稽古をするとい

『双頭の鷲』の舞台に立つ筆者（左）と有馬稲子さん（右）

う経験はそれまでなかったので、どうしても別の芝居の稽古の方にも全力を注入するということが出来なかった。『双頭の鷲』を上演した博品館劇場は三百人のキャパシティだったのに比べ、『ノートルダム・ド・パリ』の稽古場は帝国劇場の最上階で約四倍の広さがある。この空間の違いがとても厄介だった。舞台の芝居というものは、それをやる劇場の大きさによって表現方法がかなり異なるからだ。

博品館劇場から帝劇の稽古場に来ると、何か大海原を前にして芝居をしているようでかなり勘が狂った。しかも二つの芝居とも台詞の量がかなりあったので帝劇の稽古場に向かう時は『ノートルダム・ド・パリ』の台詞を言いながら歩き、そして博品館劇場に向かう道では、『双頭の鷲』の台詞を言いながら歩いた。

知らない人から見たら危ない奴に見えたかも知れないが、なりふり構っている余裕はなかった。

蜷川さん主演、浅丘ルリ子さん、若山富三郎さん主演のこの作品は、ヴィクトル・ユゴーの原作を高橋睦郎さんが脚色した格調高い詩的な台詞で難しかったが、私は好きだった。ジーナ・ロロブリジーダとアンソニー・クインの映画でも知られているが、あの『ノートルダムのせむし男』というタイトルでは、コンプライアンスの厳しい現代ではとても上演出来ない。

浅丘さんは初舞台だというのに、台詞もしっかりしていて、何より綺麗で可愛らしかった。結婚相手役の私と顔を見つめあって芝居をした時、その眼の奥に吸い込まれるような気配に「この人、本当は怖い人なんだ」と感じたが、すぐにそれは間違いと分かった。実に細かいところまで目配り、気配りができる優しい方で、今では良き麻雀相手でもある。一方、「せむし男」カジモド役の若山富三郎さんはご存知、勝新太郎さんのお兄さんだが、この方はご自分のことを先生と呼ぶ。

「おいトクミ。先生はな、この芝居の台詞は……覚えにくい」

と、こんな感じで。普段は優しいが、怒るとメチャクチャに怖い。江戸っ子なのに怒ると、

「ワレ何じゃい。ここから生きて返さんようにしたるか」

と急に関西弁になる。これは東映京都撮影所でも知らない人はいない。でも何故か私のことはとても可愛がってくれた。稽古場に弁当を持ち込み、出番の合間を見て私にも勧めてくれた。割り箸を割って私に手渡ししてくれ、

「俺に割り箸を割らせたのはお前ぐらいなもんだ」

と言って、ご自分でもなんでだろうと首をかしげておられた。弟さんの勝さんと違い、酒は一切飲まない。その代わりに甘いものが大好きで、大福を山ほど差し入れてくれた。食えと言って勧められ、二つまでは食べられたが、三つも四つもは食べられなかった。

とにかく、規格外の方で、全く見当もつかない発想をしばしばするので驚いた。まさか舞台上で本物の手裏剣を使って投げるなんて。累々たる死体の中で、カジモドが兵隊たちに囲まれ戦うシーンで、長い棒を振ったり、トンボ返りをしたり、それは見

事な立ち回りだったが、ある日、

「おい蜷川、何だかこの立ち回り面白くねぇな。本物の手裏剣使うか」

と用意していた手裏剣を取り出し、付き人に、

「板を持ってそこに立て」

と言うと、その板に向かって手裏剣を投げた。板から「カーン」という乾いた音が稽古場に響き、オーと歓声にも似た声が上がった。若山さんはドヤ顔で、

「どうだ蜷川？」と言うと、蜷川さんは黙って頷いて、

「気をつけて下さいね」とだけ言った。

明らかに、この人には何を言ってもダメだからというにおいがした。しかし周りの俳優たちは死んではたまらない。みんな頭を抱えてうずくまっていた。が、そんな心配は無用だった。本番では見事に三本の手裏剣は的を外さなかったのだから。

中日を過ぎた本番中のことだ。私が亡者たちに素っ裸にされて、一人で長い台詞を言うシーンがあり、気持ちを込めて言っていると、身体の右側がパチパチと痛い。何だろうと舞台下手の袖をチラッと見ると、人だかりの中からこちらを狙って空気銃で私のことを撃っている奴がいる。誰だぁふざけやがって！　と思ってよく見ると「先

生」だった。後年、私が映像作品に出演するようになってからも若山さんにお会いしたが、それは後ほどお話しするとしよう。

心を動かされた二つの芝居　津川雅彦と杉浦直樹

一九七八年の春、加賀まりこさんに誘われて青年座で矢代静一作、津川雅彦さん主演の『淫乱斎英泉』を観た。津川さんの自由さ、軽妙洒脱さに感心した。今、文学座でこういう芝居をする俳優はいない。何ものにも縛られていない、この自由さは一体何だろうと考えさせられた。恐れるものがなく、誰からも制約を受けていないように見える。このときの、何より一番楽しそうな津川さんの姿は、二年後にパルコ西武劇場で観た芝居と重なった。

ニール・サイモン作、福田陽一郎演出による『おかしな二人』だ。この洒落た芝居の面白さは秀逸だった。自分が今まで観た演劇で恐らく一番笑った芝居だった。何より杉浦直樹さん、石立鉄男さんが抜群に上手かった。谷啓さん、ジェリー藤尾さん、三谷昇さん、名古屋章さんたち、みんな良かった。

「俺ももう少し齢がいったらこんな芝居をやってみたい」

そんな頃、また外部出演の話が来た。しかも、あの福田陽一郎さんからのお誘いで杉浦直樹主演の『ドラキュラ』だ。しかしこの年にその仕事を受けると、外部出演が三本目になってしまう。文学座では外部出演は年に二本までという規約があったので、それ以上は認められないと言われてしまった。

しかし、私は何としてもやりたかった。津川さんの『淫乱斎英泉』、杉浦さんの『おかしな二人』のような、あんな芝居がやりたいと強く思っていたので、何とかならないかと掛け合ってみたが、結局「規約は曲げられない」と言われた。「じゃあその時期、座内の芝居があるのか」と尋ねると、特にないという。

さてどうする。文学座を辞めてでも外で芝居をするのか。又しても私に試練の時がやってきた。

そもそも私が俳優をやっているのも、本を正せば父の勧めだった。その父が亡くなった今、この辺で一段落させるか。そう思って色々な方々にそれとなく相談した。芝居を観に行って以来、何度か個人的に食事をしたりしていた津川雅彦さんにも相談した。すると、じゃあうちの事務所に来たらどうだと、「赤坂プロダクション」を勧めてくれた。

実は赤坂プロのマネージャーには以前から、

「トクミちゃん、早く文学座辞めて、うちにおいでよ。今が売り時だよ」と酒席では誘われていたものの、その頃は辞める気など、さらさらなかったので、どこ吹く風であったが、ここに来て急転直下、現実味を帯びてきた。

私は大学を出て以来、約十年間「文学座の西岡徳美」だった。それが果たして文学座という金看板を外してやっていけるものなのか。不安はかなり募った。私という人間は、生来ののんびり屋でそれまでは与えられたものを何となく勘のようなものでこなしていただけだったんじゃないか。ここは一つ、自ら崖っぷちに立ち、もう後がないというところまで自分を追い込んでみようか。

外部出演で得たものは、その崖っぷちに立つ勇気だったのかも知れない。

文学座にいれば、一度や二度失敗しても、また次の作品にキャスティングしてもらえた。しかし、一人野に放たれれば、その後は誰もかばってくれる人も、後ろ盾もない。外のプロデューサーや監督は、失敗したり良くなかった奴には、二度と声をかけないだろう。それまでぬくぬくと育ってきた私には、そういう戦いの場こそ必要なのではないかと思った。

文学座では足掛け十年。計り知れない勉強をさせてもらった。座友もいい人ばかりだ。離れるのは実に忍びないが、よーし、勝負だ。私は次のモリエールの『人間ぎらい』の公演をもって退座いたしますと、届を出した。

文学座の諸先輩の慰留にも、私の意思表明が崩れなかったのは、やはり父の死と、齢《よわい》三十三にしてようやく芽生えた「よーし勝負だ」と思う貪欲な気持ちゆえだった。

俳優「西岡徳馬」誕生!

赤坂プロダクションに入るのをきっかけに、名前も変えたくなった。西岡徳美は「のりよし」と読む。父がつけた本名だが、私は昔からあまり好きでなかった。その元は、中学の時に定期券の名前の下に赤線を引かれたあの一件からだ。小中高校まではみんな「のりよし」と呼んでくれたが、大学からは「トクミ」になり、それから知り合いになった人、皆から「トクミ」と呼ばれていた。文学座でも、蜷川さんや、つかこうへい君も「トクミ」だった。私はこのトクミのミという響きがどうも女性ぽくて嫌だった。初めての仕事場で、

「にしおかとくみさんです」

と紹介される度、

「いえ、のりよしです」

と訂正するのが特に嫌だった。

文学座を辞めたのを機に絶対に名前を変えたい。ではなんと変えようかと思案していた。ある日、友達の家で麻雀をしていた時、テレビで元自民党の代議士・宇都宮徳馬さんのニュースをやっていて、そこへ名前のテロップが出た。私はそれを見て、

「徳馬か、いいな。俺、徳馬に変えちゃおうかな」

と半ば冗談で言うと、周りにいた友達は皆、

「ああいいね、これなら『トクウマ』とは読まないだろうから、読み間違いはされないよ」

「うん、これなら女性に間違えられることもない」

「馬はとにかく、走るし、いいよ、いい」

「西岡徳馬、三十九画か、いいぞ」

とかいろんなことを言ってくれたので、

「よーし、じゃあ今日から徳馬にしちゃおう、それローン！」とその場で簡単に決めてしまった。さすが元麻雀屋の息子だ。

私の徳馬のとくの字は新字の「徳」を使っていた。元々戸籍は旧字の「德」だったのだが、新聞、雑誌は新字を使うので仕方なかった。

しかし、ある時、とあるお坊さんに、

「徳という字は、『人は一心、事を為すのに十四年』ということで出来ている漢字ですから、心の上に一本『一』を入れなくてはいけません」

と言われ、成程と納得して、以来、「德」の方を使っている。

夏目雅子さんの最後の一言「じゃ、行ってくるねぇ」

赤坂プロに入ると、すぐに例のマネージャーは私を色々なテレビ局に連れて行ってくれた。特にTBSが多かったが、即いい役に繋がるということはなかった。その年の春、演出家の福田陽一郎さんが、また声をかけてくれた。

福田さんは日本テレビのプロデューサーやディレクターを歴任し、当時はフリーとなっていた。奥さまが文学座の先輩女優・稲野和子さんで、私がかつて稲野さんと共演した舞台は必ず観ておられたようだ。とにかく映画や芝居が大好きな方で、特に映画『お熱いのがお好き』のビリー・ワイルダー監督の作品とかニール・サイモンの舞台のような軽い洒脱なコメディを得意としていらして、作・演出したパルコ西武劇場の『ショーガール』は、木の実ナナさん、細川俊之さん出演で大ヒットロングランしている都会派の名演出家だ。

いつもニコニコして演出する。

「俺は観客の一人になって見ているんだ」と仰って、絶対にこうしろああしろとは言わない。とりあえず好きなように動いて、好きなようにやってごらん、と言ってやらせてみて、後で修正する。そういうタイプの演出家だった。蜷川幸雄、つかこうへいとは正反対のスタイルの方で、とにかく、人柄が穏やかで、芝居が大好きで、話すことが大好きな人だった。

その福田さんが、

「銀座の博品館劇場で『バタフライはフリー』という芝居をやるんだが、それに出ないか？」と誘ってくれた。相手役は加賀まりこさん、母親役には藤間紫さんという強烈な個性の超贅沢な方々だ。私はニューヨークに住む全盲の青年の役で、人との関わりを持てない青年が、ヒッピーの女の子と知り合いになり彼女を通じて、閉ざしていた心が開き、前向きに生きて行くという、とても良い話だった。

この作品も含めて、福田さんとは合計八本の芝居をやった。

（　）内は共演者。敬称略。

『朝食までいたら？』（杉浦直樹、木の実ナナ）

『愚かな女』（夏目雅子、宝田明、角野卓造、長塚京三）

『カサノバ』（石立鉄男、北原遥子、川崎麻世）

『ロマンチック・コメディ』（浅野温子、久世星佳）

『ポップコーン』（勝村政信、小島聖、ＲＩＫＡＣＯ）

『第２章』（浅野温子、近藤芳正、長野里美）

『サンシャイン・ボーイズ』（江守徹）

八本どれも面白く、好きな作品ばかりだ。初めて杉浦さんとご一緒した『朝食までいたら？』の時は、毎日自分の芝居が終わると楽屋に戻らず、すぐに客席側の上にあるシーリングに駆け上り、杉浦さんの芝居を観ていた。そして終演後、杉浦さんに感想を伝えた。

「今日はあの台詞の時こうでしたね、ああでしたね。あそこは昨日の方が良かったと思います」とか言っていた。初めのうちは、「そうかそうか」と聞いてもらっていたが、しばらくしてあまり言うのも迷惑かと控えると、

「おい西岡、今日はどうだったんだよ？」

と聞かれるようになり、おおっじゃあもっとしっかり観なくては、と必死になって観ていた。意見を採用され、それをやってもらえると実に楽しく快感を覚えた。千秋楽が終わって打ち上げの時に、

「お前ほど芝居好きな奴は見たことがない」

と言われて、何だか先生から褒められたようで嬉しかった。

その後『シルヴィア』という舞台でも杉浦さんとご一緒した。ニューヨークはオフブロードウェイで大当たりしていた芝居で、福田さんがどうしてもやりたかった作品だ。登場人物は四人だけ。シルヴィアは杉浦さん演じる大学教授がニューヨークのセントラルパークで拾ってきた犬につけた名前で、そのシルヴィアを安田成美さんが好演した。普通に会話をするが犬なのだ。私は初めて一つの芝居の中で三役をやった。一幕では、やはりセントラルパークに犬の散歩に来ているマッチョの役。二幕では真野響子さん演じる教授の奥さんの、犬に夢中になった夫に対する悩みを聞く女友達の役で、スカートを穿き、ハイヒールを履いた。そして三幕は、シルヴィアのことで頭がいっぱいになった教授を診察するゲイの精神科医の役をやった。

マッチョ男から女友達への着替えが大変だった。メイクの角田和子さんとまず顔を塗り直し、付け睫毛を載せ、真赤な口紅を塗るとカツラを被り、爪は大急ぎだから塗る訳にはいかないので真赤なビニールテープを爪の形に切って張った。衣装の下にはでかい詰め物をしたブラジャーをつけ、パンティストッキングを穿いてからハイヒール。いやぁ、女の人は大変だなぁと思った。三役がそれぞれに全く違う性別、キャラクターで実にやりがいのある、下世話な言い方をすれば「美味しい役」だったし、作品自体高い評価をいただいた舞台だった。

浅野温子さんと共演した二作品、『ロマンチック・コメディ』とニール・サイモンの『第2章』も楽しい仕事だった。『ロマンチック・コメディ』は、浅野温子さんにとっての初舞台となる作品だった。とても真面目な人だったのが、濡れて乾いたかのようにボコボコになった彼女の分厚い台本から見てとれた。主役の上、長台詞があったので、きっとお風呂の中でも台詞を勉強しているに違いないとピンときた。彼女も私もヘビースモーカーだったが、ある時、喉の調子を気にして、浅野さんがタバコを止めると宣言したので、私も一緒に禁煙することにした。しかし、台本を見ていても、頭の中ではタバコを吸いたいなあとそればかりで、一向に台詞が頭に入ってこない。結局、私は一週間しか持たなかった。因《ちな》みにこの作品は、今では立派な一流俳優となった佐々木蔵之介君が商業演劇界へ進出したきっかけとなったものの一つである。

福田さんはコメディがお得意というか、ご自身が好きなので稽古中に演出していてもほとんどニコニコして無心のように芝居を観ている。タバコが好きでほとんど吸いっぱなしなのだが、火が付いたまま吸わずにずっと指に挟みっぱなしで演出しているので、こっちの方がタバコの灰が落ちますよと、声をかけたくなるくらいだった。だからなのか、彼の服には焦げ目がいっぱいあった。

福田さんの手掛ける作品は都会派的な大人の匂いのするものが多かったが、出来事として一番記憶に残っているのは、やはり一九八五年二月、夏目雅子さんと共演したフランスのコメディ『愚かな女』だ。好きな男のためにその男の罪を被ろうとして、殺人を犯したと言い張る女の子と、それを嘘と見破る予審判事のやり取りの話だ。夏目雅子さんは長台詞のたくさんある初めての洋物の舞台ということで、前の年の夏から台詞を覚えていたと言っていた。健康状態には人一倍気を使っていて、稽古中共演者皆に風邪を引かないようにとビタミンCの粉を配っていた。当時、彼女は鎌倉に住んでいて、横須賀線で稽古に通っていた。稽古終わりに私と福田さんがタクシーを拾って彼女を乗せると、タクシーの窓を全部開けて、身体を半分外に出し、私たちに向かって、

「さようならー！　また明日ね」と大きな声で叫ぶ女の子だった。福田さんも、

「元気のいい子だなあ」と言って笑っていた。その彼女が病気で舞台を降板することになるとは夢にも思わなかった。

公演中、私と福田さんと夏目さんは芝居が終わるとパルコ劇場の下にあったグラン

ラペという喫茶店で、反省会と称してビールを一杯飲みながらお喋りするのが通例になっていた。この芝居はフランスの法廷劇だからよく喋る。初日から一週間くらい経った時だった。開演前の舞台で私と二人で台詞合わせをしていると夏目さんが、

「あたし、口内炎が出来て台詞言う度に痛いからね。さっき病院で焼いてきたの。ほら見て」

と言って口を大きく開けて見せてくれた。ほっぺたの内側に十円玉くらいの茶色く焼けた跡があった。私はビックリした。

「そんなでかい口内炎が出来ていて、よくあんな長い台詞言えてるな」と、私が言うと、

「うん、偉いでしょ」と得意そうに笑った。

抜けるように白い肌と薄ピンクの唇が可愛かった。

中日の夜の部終演後、舞台の袖で何か揉めている。

「どうした?」

と私が声をかけると、夏目さんのマネージャーの内藤さんが、

「西岡さんからも言って下さい。掛かりつけのお医者さんが、雅子の体力が弱ってい

るようなので、点滴を打ってあげるから連れて来いと言っているのに、これから反省会があるから嫌だというのですよ」

と言うので、私も、

「雅子、じゃあ点滴を打ってもらった方がいいよ。福田さんからのダメ出しは明日でもいいから」

と言って彼女を促した。

彼女が初めてやる出ずっぱりの舞台なので、事務所の方で大事を取って真ん中に休演日を設けていた。後で聞いた話だが、その休演日に病院で検査をしたらしい。検査の結果が出て、医者から、これでは舞台に立っていられる訳がない。ともかく終演後、すぐに連れて来いと、マネージャーに連絡が入ったということだった。そんなことを私が知る由もない。福田さんと私がいつものようにグランラペで飲んでいると、ガラス越しに、

「じゃ行ってくるねぇ」と元気に手を振って去っていった。私は、

「うん明日な」と応えた。

それが最後の姿だった。彼女は極度の貧血と診断された。

次の日から舞台は休演になった。

「夏には必ず戻ってくるから、そうしたら必ず再演をしよう」

福田さんはそう言って、今回は断念する、と公演中止にしたのだ。しかし、彼女の本当の病名は急性骨髄性白血病だった。半年後の九月、彼女は二十七歳の若さで帰らぬ人となった。

何とも惜しい、本当に惜しい稀有な人だった。

「どうして横綱相撲を取らないんだ」

福田さんと一緒に作った最初の作品『バタフライはフリー』の舞台初日、福田さんと親交の厚い杉浦直樹さんが芝居を観にいらして、

「終わったら西岡君、一杯飲もう」

と誘ってくれた。この時初めて杉浦さんと杯を交わしたのだが、いきなり、

「西岡君、君が役者をやっている了見は何だね？」

と尋ねられた。私は、

「了見？」

と、一瞬どう答えるべきか迷ったが、

「僕は、お客さんを感動させたい舞台がやりたくて俳優をやっています」

と言うと、

「うん、そうか。そうならばどうして『横綱相撲』を取らないんだ。加賀まりこに露払い、藤間紫に太刀持ちをさせて、それじゃあ不足かね？」

と来た。いろんな人と酒席を共にしたことはあったが、こういう会話から始まるのかと、気が引き締まった。しかし、杉浦さんはそれ以上は突っ込んでこなかった。まあ杉浦さんから見れば私はまだ十五歳も年下の小僧だ。挨拶代わりの軽いジャブをという感じだったのだろう。けれども、私にはそのジャブが効いた。

「『横綱相撲』かぁ……出来てねぇってことだな」

その後の酒もあり「横綱相撲」が頭の中をぐるぐる回った。その晩私は、これはきっと「君、しっかりやりなさいよ」という叱咤激励の暗号だなぁと捉えた。

そこから杉浦さんとの交流が始まった訳だ。彼はめっぽう酒が強く、当時はいつも、きちんとジャケットにネクタイを締めていた。そしてその姿勢が少しも崩れることなく、時によっては朝まで飲む。私も文学座に所属していた頃は、まぁまぁ飲んだが、杉浦さんの飲み方は桁が違う、朝の通勤客が街に出てくる時間まで飲むのだ。その上、たまにそこから彼が住んでいた高輪プリンスホテルに連れて行かれ、モーニングコーヒーを飲む。だから家に帰るのが午前十時になったりもした。

「こんな時間まで？」と前年に再婚していた妻に疑いの目で見られたこともあるくらいだ。でも本当なんだから仕方ない。

杉浦さんは当時、高輪プリンスホテルに長期滞在していて、二十数年にもなるという。ホテルの庭の池で泳いでいる錦鯉は、全部杉浦直樹さん所有のもので、彼自身、「いいコイ」つまり「１１５１」という部屋番号に住んでいたのだ。まぁとにかく、杉浦さんからは色々な話を聞かせてもらった。これが実に面白い話ばかりで、半分は禅問答のような会話になるのだが、彼の生きざま、歴史、体験談を聴くのは、これまた随分と勉強になった。

「スミレはただ菫のように咲けばよい」

「理想の高さが気品の高さになる」

「勘は知力だ、これを働かせないと一切が始まらない」

「道義とは人の悲しみが分かるということ」

など、数学者の岡潔さんの数々の名言を教わった。そういう会話の中から、前に読んだ太宰治の、

「人偏に憂うと書いて優。人の寂しさ辛さに敏感な事、これが人間として一番優れていることじゃないか」

という一節を思い出していた。

稲垣足穂さんの、

「生死などは何でもない。ただ、生きていく態度が重要なのだ」

という言葉もガツンと響いた。杉浦さんを経由してある種の薫陶を受けたということだ。

津川さんも、昔、杉浦さんとは松竹映画の頃一緒のことが多かったようで、

「徳馬、最近直ちゃんと仲良くしているらしいな。あの人は頭がいいし、博学だ。たくさん可愛がってもらうといい」と、推しが入った。

「徳馬ちゃん、役者は全国区にならにゃいけん」

赤坂プロでの一年が過ぎようとした時、社長から呼び出しがあった。

「徳馬ちゃん、誘っておいて悪いんだけど、このプロダクション解散することになったんだ。でも雅彦ちゃんが君と一緒にやりたがっているから、話をしてみたらどうだ」

と言われた。

「えぇー解散……うちに来い、うちに来いと言っていたのに解散かよ」

と思ったが仕方ない。津川さんのところに行くと、

「今度うちのおもちゃ屋でプロダクションをやろうと思うんだ。一緒にやらないか?」

と誘われた。彼はその前の年にグランパパというおもちゃ屋さんをやり始めたところだった。そこにプロダクションも作る、ついては二人でやろうと言うのだ。私は他に行くところもないし、

「分かりました。じゃあ一緒にやりましょう」

と二人でグランパパプロダクションを始めた。

津川さんも話をし出すと止まらない人で、よくご自宅に呼ばれて朝まで色んな話をしていた。杉浦さんとはちょっと毛色の違った会話が多かった。

映画の話、監督の話、俳優の話、そして一番多かったのは御多分にもれずスキャンダラスな女優さんの話、しかしこれもまたいい勉強になった。

津川さんは話をする時、相手の目をしっかり見て話してくれるのは良いのだが、自分の目をパチパチしばたきながら、鼻をシュンシュン啜る癖がある。これが芝居をしている時は見事に出ない。役に入り切っている証拠だ。だがプライベートではパチパチ、シュンシュン。だから彼と長い時間話をして家に帰るとすぐに分かるらしい。私が目をパチパチさせ、鼻をシュンシュン言わせる癖を持ち帰り、妻に、

「顔が津川さんになってるわよ」と言われたものだ。

津川さん演出、朝丘雪路さん主演の舞台を何度かやった。しかし、ここも三年で袂を分かつことになった。

彼の、何事においても自分が信じたことに対するのめり込む姿勢は、一種独特の芸術家気質の表れだ。私はそのエネルギーの強さにいつも感心させられた。が、ある時、稽古場でちょっとした意見の相違が起きた。そのことだけが理由ではなかったが、こ

の芝居を最後にしてグランパパを辞めるというと、マネージャーの土井ちゃんに必死に止められたものの、私は自分でも何故か分からなかったが頑なだった。

その芝居の千秋楽の幕が下りた時、

「プロダクションは辞めても、俺と徳馬は友達だからな」

そう言って握手をすると津川さんの目から涙が流れた。私は一瞬辞めるのを止めようかと思ったくらいだった。とても世話になったし、楽しかったこともたくさんあったから。

折しもその時、帝劇で山本陽子さん主演の、宇野千代さんの人生を描いた芝居『生きて行く私』があった。いわば女の一生もので、私は一幕に登場する作家・尾崎士郎の役、中山仁さんは二幕の東郷青児、大出俊さん演じる北原武夫は三幕だった。私たち、宇野さんの元恋人役たちは宇野千代さんご本人に大変可愛がられ、山本陽子さんをはじめ、皆でご自宅に呼ばれ麻雀をやったりした。部屋の入口に直筆染暖簾があり

「あなたの才能は海に浮かぶ氷山の一角のようなもの。七分の六はまだ隠れている」

と書かれてあった。私はその言葉にとても感銘を受けた。先生の若い頃の写真も見せていただき、その中には尾崎士郎さんとのツーショットもあった。先生お一人のア

ップの写真を見て、私が、

「わぁー、先生お綺麗でしたね」

と言うと、

「ううん。今の方が綺麗よ。今が一番なの」

私はその言葉にいたく感動した。九十歳を過ぎた女性が、「今が一番綺麗」と言い切る自信と考え方に。そして、

「私ね。このごろ、もしかして私は死なないんじゃないかと思うのよ」

と仰った。私は大笑いしたが、その考え方も楽しくていいなと思った。

公演が終わり、陽子さんと中山仁さんから、自分たちの所属するプロダクションに来ないかと誘われた。「方舟」という事務所で、映画界の大先輩の岡田英次さん、根上淳さん、土屋嘉男さんらがいらして、中山仁さんは、

「ここでは俺が一番年下だから、徳馬が入ってくれれば俺は一番下から抜けられる」

と、冗談とも本気とも取れることを言われた。仁さんのことも好きだったし、まぁ何か新しい仕事が出来ればいいか、それに『ノアの方舟』のように救われたいという気持ちも強くあり、方舟に入れてもらった。

しかし、方舟でも一、二年経っても映像の仕事がなかった。

「あんたは舞台がいいんだから、舞台だけやってなさい」と、鈴木社長という当時の女性社長の意向で舞台ばかりが続いた。

山本陽子さんとはその後も、地人会の公演でノエル・カワード作、木村光一演出の『プライベートライヴス』で一緒になった。この芝居は、離婚した夫婦がそれぞれ新しい配偶者との新婚旅行中に、同じホテルの隣の部屋に滞在することから始まるコメディだ。

その芝居の最中、客席の前の方で手を叩いて大笑いしている男がいた。終演後、陽子さんに紹介してもらうと、かの高名なデザイナーの芦田淳さんご夫妻だった。そこから芦田さんファミリーとの交流が始まり、その後も大変お世話になった。ご夫妻共に麻雀が好きで、年の暮れにはご自宅に呼ばれ、麻雀大会があり、そこに山本陽子さんはじめ、浅丘ルリ子さんや佐久間良子さんら、大女優に加えて、法政二高の先輩でもあったテニスの渡辺功さん、作曲家の都倉俊一さん、俳優の辰巳琢郎君たちが参加して、毎年ワイワイガヤガヤと楽しい会だった。芦田先生からは、本物の「エレガンス」というものを教わった気がする。優しく繊細だが、大胆な発想の持ち主で素敵な方だった。

そしてフランスのコメディ『旦那さまは狩りにお出かけ』では、穂積隆信さんという面白い先輩とご一緒した。中山仁さんとはオードリー・ヘップバーンの映画で有名な『麗しのサブリナ』を一緒にやった。宝塚出身の平みちさんがサブリナ役を、中山仁さんがハンフリー・ボガートのやったお兄さん役、私はウィリアム・ホールデンがやった弟の役をやり、ミュージカル仕立てで楽しい作品だった。

でも、私はそろそろ本格的に映像の方がやってみたかったのだ。というのは杉浦直樹さんがよく連れて行ってくれた渋谷のドン・キホーテという店のマスターである関さんに、

「徳馬ちゃん。あんた舞台じゃとても有名で、東京ではコアの人はよく知っている。けど、地方の人はあんたのこと知らんばい。役者は全国区にならにゃいけん」

と行くたびに味のある九州弁で言われたことが引っかかっていた。

「全国区？　それはどういうこと？」と聞くと、

「とにかく、テレビジョンに出なきゃいけん。例えばなぁ、ＮＨＫの朝のドラマに出りゃあ、北は北海道、南は九州の端まで朝八時には日本人みんな見とろうが。東京の

小さいところで舞台ばっかりやっておっちゃあ勿体なかよ」

私もそれはそうかも知れないと考えていた。

またまたそんな時、文学座の一期下の伊藤秀樹という男から連絡があった。彼も文学座時代は俳優で、私とまるで兄弟のように仲良くしていた男だった。

「今度事務所を作る。ついては、俺がマネージャーをやりたい。ぜひ自分の事務所に来てくれないか？」ということだった。私は丁度その時、山本陽子さんと『旦那さまは狩りにお出かけ』で地方公演の最中だったし、

「俺も映像もやりたいけれど、今すぐには無理だ」と断った。彼は、

「よし分かった。じゃあ自分は先に事務所を作っておくので、辞められる時が来たら、いつでもうちに来てくれ」と言った。

「うん、分かったよ」と返事をしてみたものの、今すぐには、辞められないなと感じていた。そんな矢先、公演先の新潟に、当時の私のマネージャーの原田君が訪ねてきて、

「西岡さん大変申し訳ないんですけど、僕、方舟を辞めることになりました。どうもお世話になりました」と言うではないか。

その瞬間、しめた！　これで俺も辞められると思い、鈴木社長に、

「原田君が辞めるので僕も辞めたい」と話したところ、

「まあ残念だけど、あんたはもう決めてるみたいだから」

と言って納得してくれた。まるで図ったように、私はそこから伊藤事務所というプロダクションに行くことになったのだ。

流れとは恐ろしいものだ。サーフィンの波乗りと同じ。上手く波に乗れるか否かは運次第。しかし、良い運をつかむためには常に少し高みを見ていなくてはいけない。私は引き寄せの法則というのを信じている。自分が高みを目指していれば、それ相応の人たちが寄って来てくれるという法則を。だから、友達は選ばなくてはいけない。

伊藤事務所に入ってからはまた大転換期に入るので、一旦それまでの舞台活動の話に戻ろう。

舞台活動　蜷川幸雄演出作品

血の婚礼

銀座セゾン劇場で蜷川幸雄と清水邦夫の名コンビが復活して『ひばり』という芝居をやるという。私は喜んで乗った。清水邦夫さんの戯曲は大好きだったからだ。しかしこの『ひばり』の台本がなかなか出来てこない。遅いなあと思っている時、渋谷の喫茶店に来てくれと呼び出された。行くとセゾン劇場のプロデューサー、蜷川さん、清水さん皆が揃っていて、私の顔を見ると蜷川さんがいきなり、

「清水が台本を書けなくなった。今から謝らせる。清水、お前土下座して謝れ」と言う。

清水さんは、

「申し訳ありません、筆が枯渇しました。今回『ひばり』は書けません」

と仰って本当に土下座せんばかりに椅子を降りようとした。私は慌てた。天下の清水邦夫に土下座なんてさせられる訳がない。私は彼の大ファンなのだ。

「清水さん、お気持ちはよく分かります。でも、土下座は止めてください」としか言えなかった。

蜷川さんは、

「その代わりに、これをやろうと思っている、読んでくれ」と、少し薄汚れた台本を出した。かつて清水さんが書いて、蜷川さんが演出したことのある『血の婚礼』だった。

「家に持って帰って読んで、返事をしてくれ」と言われた。

皆固唾《かたず》を呑んで私を見ている……私はしばし考えて言った。

「何か蜷川作品をやらないと、セゾン劇場が空いてしまうんですよね。蜷川さん、あなたがこれをやってくれと仰るなら私はどんな役でもやります。だから、これは家に持って帰らなくてもここで結論を出すよ。私はやります」と答えた。

スペインの劇作家ロルカが書いた『血の婚礼』からヒントを得たこの悲劇を、清水邦夫さんらしいアレンジで、全編土砂降りの雨が降る中での話にしたので、セゾン劇場はそのために舞台を改築し、公演時には十一トンもの水が降る中で行われることになった。

劇場の中とはいえ、十二月の真冬では、客席の温度を出来るだけ上げても、雨が降り出すと五、六度は落ちてしまう。水のかかる前の方の観客にはビニールを配り対処した。私の「北の兄」という役は、幕が開いて雨が降る中すぐに、お洒落に着込んだ真っ白のスーツ姿で走り込んで来て、いきなり舞台中央でステンと転び、起き上がらない。そして、びしょ濡れの中、もう何もかもが嫌になったと、嘆くところから始まる。舞台稽古の時、我慢してやっていたが、あまりの寒さに後半ガタガタ震えて芝居どころではなくなり、ストップしてもらった。本番では衣装の中にビニールを巻き、ようやく何とか最後まで出来たが、流石《さすが》に一ヶ月公演の千秋楽を終えた時にはもう身体はガタガタだった。寺島しのぶさんは初舞台で初々しかったたし、何より文学座以来の北村和夫さんとの共演が嬉しかった。

玉川大学の同級生で劇団四季にいた後、セゾン劇場の総支配人になっていた芹川英樹が、「とにかく水の量が多すぎて、どうやっても下の階のホテルに漏れてしまって大混乱になって、この芝居の対処は大変だったよ」と後に語っていた。出来たのが奇跡に近い芝居だった。

千秋楽の日、みんなに迷惑をかけたからと、蜷川さんが自分で言い出して雨の中をびしょ濡れになってトボトボ歩くサンドイッチマンの役をやったのが、ちょっと感動的だった。

唐版　滝の白糸

唐十郎作『唐版　滝の白糸』はかつて、蜷川さんが国民的スターだった沢田研二さんを使って、調布の大映撮影所のオープンセットでやったものを観たことがある。終盤に撮影所の大クレーンを使って、李麗仙さんがその上で水芸をやり、真っ白の衣装のジュリーが真っ赤に染まっていくのが衝撃的だった。今回は、蜷川さんがオーディションで見つけ、寺山修司作の舞台『身毒丸』の演技で話題をさらった弱冠十七歳の新進気鋭・藤原竜也君と寺島しのぶさんのお母さんでもある藤純子、改め富司純子さんが演じるということだ。私はかつて伊藤雄之助さんがやった「銀メガネ」という、とても面白い役だ。唐十郎作品は一九六〇年代後半、新宿の花園神社から始まり、私も文学座時代に、上野不忍池のテントでよく観た。いわゆるアングラ芝居だ。ちゃんとした劇場でばかり演じていた身からすると、テント芝居には何かとてつもないエネルギーを感じ、半ば羨望の眼差しで観ていたのを覚えている。唐さんの台詞はレトリックが非常に面白く、他の作家には書けないものを書く。どこからこういう発想が出るのだろうかと、その才能を羨ましく思った。

唐十郎作品も蜷川幸雄の手に掛かるとどうなるのか。毎日嬉々としながら稽古をしたのを覚えている。ピュアな藤原竜也君の才能にも目を見張った。私は蜷川さんと同じように、彼が可愛くて仕方なくなった。ちょうど杉浦直樹さんが私のことを可愛がってくれたように、かも知れない。

「俺は際物が好きなんだ」

と蜷川さんは言って、いつも面白いタレントを呼んでくる。今回は、たけし軍団の井手らっきょ、ビートきよし、それからあのナハナハのせんだみつおたちだった。確かに既成の俳優たちには出せない面白い味が出た。大詰めではパッヘルベルのカノンをベースにしたリベラの「Sanctus」が鳴り響く中、やっぱりクレーンが登場し、富司純子さんの血の水芸を浴びて、竜也君の身体は真っ赤に染まった。

初日のカーテンコールで一番前の席で観ていた私の娘、花織と優妃が大泣きしていたのが印象的だった。

ハムレット

実は大学生の時、二度『ハムレット』をやったことがある。一度目はホレイショー役、二度目は王の弟・クローディアス役だった。今回の『ハムレット』は、藤原竜也主演の蜷川作品。私は父親の亡霊の役と、またもやクローディアスを演じた。舞台装置はシアターコクーンの客席と舞台の真ん中にまるでボクシングのリングのようなものを作り、観客は両サイドから観る。一幕目、そのリングを金網で囲み、全てのシーンをその中で演じる仕組みだ。まるで金網デスマッチのようだった。二幕目からはその金網が全部取っ払《ぱら》われてリングには何もない空間という、やる側からすると恐ろしい舞台だ。

私にとって『ハムレット』は三度目だから熟知しているつもりだったが、亡霊とクローディアスの二役をやるのは台詞の量といい、コスチュームチェンジといい体力的にも大変だった。この芝居はハムレット対クローディアスの「男と男の戦い」だなぁと思った。

稽古途中で、蜷川さんはハムレットの役を藤原竜也君、小栗旬君、井上芳雄君の三人にやらせると言って、彼らを競争させるようなこともしていた。結局それは成り立たなかったが、あれは、小栗、井上の発奮、竜也君の危機感を煽る作戦だったと私は見た。そして、劇の終盤、亡きハムレットに代わり出現したノルウェー王子フォーティンブラスを演じた小栗旬に、新しいスターの誕生を予感した！

とにかく蜷川さんの稽古は面白い。誰かこの役をやってみる奴はいないかと若者にやらせたり、色々なことに挑戦させたりして、他の役者たちにも発破をかけ、盛り上げる。一時、稽古場が研究所と化した。この「彩の国さいたま芸術劇場」での稽古はとても思い出深い。

私が稽古時間前、早めに行って外で声を出して台詞を言っていると、

「徳馬でもそんな風に台詞をやるのか」

と背後から蜷川さんが声をかけてきた。

「いやー俺も台詞覚えがなかなか悪くなってさ」

と言うと、

「役者も大変だな。俺は早く辞めて良かったよ。頑張れよフフフ」

と笑ったその顔が好きだった。

藤原竜也はこの『ハムレット』で数々の賞を取った。公演中もシアターコクーンの狭い二人楽屋で、あの場面の芝居がああだこうだと言って色々試し、挑戦して苦労したのが報われたなぁと後日思った。だが、これは当の竜也君より、蜷川さんが一番嬉しかったのかも知れない。

天保十二年のシェイクスピア

井上ひさしの『天保十二年のシェイクスピア』は、『天保水滸伝』などの侠客話《きょうかく》とシェイクスピアの戯曲全三十七作品をミックスして描かれた、壮大なミュージカル仕立ての任侠劇だ。

宇崎竜童さんの挿入歌も相まって、実に面白い芝居だった。この芝居はそのまま全部やると上演時間が4時間以上になり、さすがの蜷川幸雄さんも大幅にカットせざるをえなかった。役者（以下、敬称略）は、唐沢寿明（リチャード三世）、藤原竜也（ハムレット）、吉田鋼太郎（リア王）、木場勝己（案内人）、勝村政信（マクベス）、沢竜二、壤晴彦《じょうはるひこ》、それに私。女優陣は夏木マリ（マクベス夫人）、篠原涼子（コーディリア）、高橋恵子（リーガン)、毬谷《まりや》友子《ともこ》(オフィーリア)、白石加代子(魔女)という布陣。私は、よだれ牛の紋太つまり『ロミオとジュリエット』のモンタギュー、紋太のそっくりさんの百姓、そして蝮の九郎治、つまり『ハムレット』のクローディアスの三役を演じた。実際、過去にそれぞれに演じた役を絡めての非常に上手いキャスティングだと思った。

洒落好きな井上ひさしさんの言葉遊び。全編この調子で描かれているから井上ファン、シェイクスピアファンにはたまらない面白さ。井上ファンでなくとも、歌と踊りのミュージカル仕立てだから、十分に楽しめるお祭りのような大エンターテイメントだった。

さらば、わが愛　覇王別姫

蜷川さんから珍しく直々に電話が入った。今度、シアターコクーンで東山紀之君主演で『さらば、わが愛　覇王別姫』をやるんだが、私に京劇界の重鎮・袁世卿役をやってくれないか、ということだった。スケジュールを聞くと本番まであと二十日という。私はその時、当時東山君と同じ事務所だった森田剛君と劇団☆新感線の『IZO』

という芝居の地方公演中で、大阪にいるので無理だと言うと、こっちは代役で稽古しておくので、一週間あれば前なら出来るからぜひ頼むという。蜷川さんの芝居でたった一週間の稽古期間なんて今まで考えられなかった。これは相当難航してるなと感じた私は、蜷川さんが本当にいいと言うなら、やりましょうと受けた。

『IZO』の大阪公演が終わり、東京に戻りすぐ稽古場に直行すると、みんなが「待ってました」と迎えてくれた。蜷川さんが変にニヤニヤしている。東山君が、

「なんだ西岡さんだったたんですか。蜷川さんが楽しみに待ってろ、と誰だか教えてくれなかったたんですよ、僕とキスする役」

「えーっ」

と蜷川さんを見ると、今度はニコニコしてこう言った。

「頼むよ、徳馬」

この作品には後日談がある。一年後、同じシアターコクーンでの芝居を終えて楽屋口から出ていくと、いきなり私にライトが当たってリポーターの東海林《しょうじ》のり子さんがマイクを突き出し、

「東山紀之さんが今度ご結婚なさるそうなんですが、詳しい話は西岡さんに聞いてく

ださいと言うのですが、どういうことですか？」

と言うので「いや、いいですね。色々浮名を流したヒガシもやっと落ち着くのか。年貢の納め時だな」と色々話し、

「ところでお相手はどなた？」と尋ねると、

「木村佳乃さんですよ」

「ええ！」

私はビックリした。というのは、秘話を語ると『覇王別姫』の公演中に東山君、私と妻、そして、遠藤憲一君ご夫妻と木村佳乃さんで飲む機会があり、食事の後、東山君の家でも飲んだのだ。その時の二人のやり取りを見ていて「ヒガシと佳乃、とっても合ってるように見えるんだけど、お前たち付き合ったら？」と言ったのだ。

二人とも、「いやいやとんでもない」と答えたが、私はからかいではなく、本当に合うと思っていたのだ。東海林さんは、

「東山さんが、『西岡さんが私たちのキューピッド役だ』と言っていたのでインタビューに来ました」と話していた。

そうだったのか。それはそれは、おめでとう！　でも、あの公演中、芝居でキスし

た俺がキューピッドかよ、と思ったら笑えた。

十二人の怒れる男

シドニー・ルメット監督、ヘンリー・フォンダ主演で有名なこの映画を、中井貴一主演の舞台で蜷川幸雄が演出するという。面白くなりそうだ。私は勇んで乗った。父親殺しの罪に問われた少年の裁判で陪審員が評決に至るまでの数時間、侃々諤々する様子を描いた作品だ。シアターコクーンでの『ハムレット』の時のように、真ん中に舞台を置き、本来の客席に加えて舞台上にも客席がある蜷川さんお得意の変形装置。大きなテーブル一つを十二人の男たちが囲んで数時間議論する。それだけだから動きも少ない。とにかく一人でも台詞をつっかえたり、忘れたりしたら誤魔化しようがない。台詞の投げ合いだ。ある日、稽古が二日続けて休みになったことがあった。夜、電話で中井貴一君と話していて、彼が、

「僕は蜷川さん初めてだから分からないけど、蜷川さんの稽古って、こんなんでいいんですか？」

と聞いてきた。私は、

「いい訳ないよ。みんな台詞うろ覚えだしな。でも蜷川さん、体調があんまり良くないみたいだから」と答えた。

「じゃあ二人だけでも稽古しませんか？」

と貴一が言うので、

「よしやろう。でもやりたい人がもっといるかも知れないから、探ってみる」

と言って、プロデューサーに連絡をした。すると、みんな危機感があったようで、次の日ほとんど全員が集まった。私たちは演出助手の井上尊晶《いのうえたかあき》に立ち会ってもらい、そこで自主稽古をやった。蜷川さんがいると言えないことも、みんな忌憚なく言い合い、いい稽古になった。次の日蜷川さんがやってきて、

「じゃあ俺のいないところでやった稽古の成果を見せてもらおうか」

と言った。私たちは下手なことをしたら何を言われるか分からないぞと、顔を見合わせ、気合を入れ、ノンストップで全部やった。前日の自主稽古のお陰で、皆それまでの芝居より明らかにスムーズに上手くいった。観終わった蜷川さんが、

「へぇー俺がいないところでも出来ちゃうんだ」

と、「徳馬、お前が首謀者だな」という顔で私を見て、

「徳馬、もうお前に稽古をつける演出家はいないだろうから、俺が言ってやろうか」

と言うので、私は、

「あー言って、言って」

と本気で頼んだ。みんながジーッと固唾を呑んで注目している中、最後の長い台詞の箇所を何度も何度も演《や》らされた。

「違うんだよ。そこではもっと感情を押し殺して、最後に出すんだ。もう一回やってみろ」

私は昔のようだと懐かしく思った。確かに蜷川さんのサジェスチョンは一理あることばっかりだった。自分ではそうやっているつもりでも、他人からはそう見えていない。岡目八目とはよく言ったものだ。他人のやっていることはよく見ることも評価も出来るが、自分のことは一番見えていない。

やはり見る目が違うなあ、と改めて感心し「やっぱり蜷川さんがいないとダメか」と、声に出して言わしめた。

しかし、それが蜷川さんから受けた最後の稽古になった。

つかこうへいの壮大な失敗作

サロメ

一九七八年、渋谷パルコ西武劇場でオスカー・ワイルド原作の『サロメ』をつかが演出するという。脚本は阿木燿子《あきようこ》さん、挿入曲は井上陽水さん、宇崎竜童さん、美術監督は石岡瑛子さん、音楽監督はあの山口百恵の生みの親の酒井政利さん、音楽は三枝成章さんと阿木燿子さんという大変な顔ぶれだ。

キャストは、主役に、三千人のオーディションの中から選ばれた新人の水野さつ子、ヨカナーンに風間杜夫、ヘロデアに田辺さつきさん、ユダに加藤健一さん、そしてヘロデ王に私。ほかに、やはりオーディションで選ばれた、かとうかず子、熊谷真実、そして平田満、石丸謙二郎など、つかこうへい子飼いの俳優たちで固めたこのメンバーだから凄い話題作となったが、これはある意味で大変な仕事だった。

水野さつ子さんは、後で実は蜷川幸雄さんの姪御だということが分かって大騒ぎになり、芸名も蜷川有紀に変えた。劇場版のレコードも出すということでボイストレーニングもやらされた。

私は玉川学園の後輩でもある風間杜夫との初めての仕事だったが、劇中、風間演じるヨカナーンと、私演じるヘロデ王の、男同士の強烈なキスシーンもあって、パルコ劇場の客席には「ぎゃー」と悲鳴が響いた。当時そんなことをする芝居もなかったので、客はビックリ仰天したことだろう。稽古を進めて行くうちに、気の毒だがこの作品の脚本を担当した阿木燿子さんの台本は使わず、つかの独善で作ったつか流の『サロメ』に変化していった。話題が大きく、客は大入りだったが、私から見ると、これはつかの中では壮大な失敗作だったろうと思う。さすがのつかも、周りの一家言あるスタッフに遠慮して、自分の思い通りに出来なかったからだ。それでもLPレコードは発売した。そのレコードジャケットの制作をしたのが、クリップハウス社長の堀場修、私の法政二高からの親友だった。だからと言うのもなんだが、私の写真が多かった（笑）。

蜷川とつかの巨頭会談

『サロメ』の公演が終わってすぐ、つかから連絡があり、

「お前、蜷川さんと親しいんだろう？　紹介してくれないか？」

と言われた。これは面白いことになりそうだ。この、天下の二人を会わせるとどうなるのか。実は、蜷川さんは『サロメ』を観に来ていて、終演後の楽屋口で、顔は笑いながらも相当辛辣なことを言って帰ったのだ。そのことをつかは知ってか知らずか。

私は小躍りして、さてあの二人を会わせるのにふさわしいところはどこかと考えたが、一番無難そうな帝国ホテルのロビーの喫茶室にした。

つかと私の二人が待っていると、蜷川さんが少し遅れて入ってきた。つかはいつものようにきちんと立ち上がって、

「つかと申します」

と言った。蜷川さんは、

「さつ子が世話になったね。ありがとう」

と言った。つかが何を言い出すのか私は知らなかったが、第一声で、

「蜷川さん、ここで一つ日本の大女優を一人作りましょう。あなたの姪の水野さつ子を私は『サロメ』で使いました。あなたが次の作品の『ハムレット』のオフィーリアで使ってくれれば、いい女優が一人誕生する。ぜひ使ってくれませんか？」

ということだった。私は、「そういうことか。この男はこういうことが大好きだからな、つからしい」と思った。蜷川さんは私の方を見て「ふふっ」と笑い、一瞬の静寂があって、

「少し考えさせてくれる？　うちに持って帰る」と言い、

「よろしくお願いいたします」と、つかが言って、二人の会合はあっけなく終わった。

この二人なら、話し出したら長くなるぞと、手ぐすね引いていた私は、拍子抜けを食らった。が、多分二人もそれを察知して、あえて短い時間で切り上げたんだと読んだ。次の日、つかから連絡があって、蜷川さんから連絡を貰ったが、オフィーリアでは使わないということだった。

「いい女優が一人生まれるかと思ったのによ」

と残念がっていた。蜷川さんは相当苦慮したと思うが、私にはその気持ちがよく分

かった。素晴らしくいい話だが、もし使ったとしても、ダメ出しの嵐で稽古場は大変だったろう。蜷川さんは、さつ子にめちゃくちゃに厳しいダメ出しをしなければならないし、さつ子はそれに疲れ果てたことだろう。彼らにとってそれはきっと地獄絵図だ。ともあれ、あの二人を出会わせたことの自負だけが私に残った。

ブラジャー&パンティ姿の坂本龍馬

文学座の後輩・伊藤秀樹が立てた伊藤事務所に移ってすぐの一九八七年。久しぶりにつかこうへいから連絡があった。

「今度、『幕末純情伝』という芝居をやるんだけど、お前にそこで坂本龍馬をやって欲しいんだ。今、演劇集団円の岸田今日子さんと『今日子』という芝居をやっている。その芝居の終わりに『幕末純情伝』の予告編をやっているので、それを観に来て欲しい」

ということだった。私は観に行った。『今日子』は、岸田今日子さんに当て込んで作っていて、なかなか面白い芝居だった。その芝居が終わるや否や、予告編が始まった。例によって立ち回りから始まり、何だか荒唐無稽な幕末話のようだ。裸に黒いブラジャーとパンティーをつけた男が出て来て、腕立て伏せをしながら、「わしが土佐の坂本龍馬じゃ」と叫ぶ。

ええ？　これを俺がやるのか？　と、とても不安な気持ちになったが、でもまさかこれを本舞台でやる訳じゃないだろうと高をくくって、まあ面白そうだし、どうなるか分からないけど、やってみるかと引き受けた。

沖田総司は女だったというのがテーマだ。サブタイトルで「黄金マイクの謎」とあったが、何のことやらよく分からない。稽古をしてみないと分からないのはいつものことだ。とにかく、西日暮里にある稽古場で稽古が始まった。いつものように口立てだ。色々な場面、場面を作っていき、それを後でつなぎ合わせるのが、つか流の作り方。新撰組の沖田総司が実は女で、その沖田のことが好きで好きでたまらない坂本龍馬の話で、何だか無茶苦茶だったが、

「女一人幸せに出来ないで、なんで国が救えるかよ」

という女総司の台詞が好きだったので、それを頼りにメチャクチャに頑張った。面

白かったし、客も大入りだった。その上、パルコ劇場での一ヶ月公演だったが次の公演予定の演目が何かで飛んで空いてしまい、困った劇場側から、もう一ヶ月続けてやってくれないかということで、つか芝居として初めてのロングランになった。

この芝居の人気は大変なものだった。当時は消防署がそれほどうるさくなかったので、客席の通路まで人を入れて立錐の余地もなかった。そこに真っ白いバスローブを着た男が、上手の客席のドアを開け、マイク片手にチョー・ヨンピルの『想いで迷子』を歌いながら出てくる。人がいっぱいで歩くこともままならなかったが、歌いながら舞台に上がり、正面切って、

「ワシが土佐の坂本龍馬じゃ！」

とバスローブをバッと脱ぐと、そこには真っ赤なブラジャーと真っ赤なパンティーと真っ赤なガーターベルトに網タイツを穿いた私。観客席の「ぎゃーー!!」という悲鳴と笑い声で、しばらく次の台詞が言えなかった。大受けだった。沖田総司の「お前、頭おかしいんじゃないか」という台詞通り、確かにおかしいよと思った。

こんな風な芝居で、しかも、つかがドンドン、ドンドン、台詞を付け足すものだから、芝居は三時間半にも及んだ。

中日を過ぎた公演中の昼間、自宅にファックスが届いた。何かと思っているとすぐに電話が入り、

「どうだ？　良いだろ。お前のために作ってやったよ。二幕の幕開きにこの台詞を覚えて、春田（俳優・春田純一）に頼んで殺陣《たて》をつけてもらって、何人か切りながらこれを言ってくれ。今晩の舞台から。出来るだろう、頼むぞ」

と電話を切った。奴はいつもそうだ。自分の言いたいことだけ言って切る。どれどれと読み返すと、そんな無茶な、と思えるほどの長い台詞だ。でもこれは……。

そうか、昔、つかが私のアパートに泊まった時、私が「夜中の十二時になったから、ちょっとラジオをつけてもいいか」と言ってつけた、いつも聞いていたエフエム東京の『ジェットストリーム』だ。私は『ミスター・ロンリー』という曲に乗せて語る城達也さんのナレーションがたまらなく好きだった。つかはそれを覚えてくれていたんだ。よーし、今晩出来なくても何とか明日までには仕上げてやるぞぉ、と必死になって覚え、立ち回りもつけてやった。

二幕の緞帳が上がると床一面のドライアイスの中、坂本龍馬がマイクを片手に持ち片膝をついている。

高度一万メートルの雲海から垣間見る旅の別れは、もしかしたら僕とあなたの新しい旅の始まりなのかもしれません。もしかしたら二人がより一層固く結ばれるための静かなる序章なのかもしれません。

スペイン広場の階段を裸足で駆け去ったあなたを為す術もなくただ見送っただけの僕が、パリ二十三区のカフェで雨に打たれながら背中を丸め、タバコをくゆらしているのは、決して心がうちひしがれているからではありません。いつの日かこの腕にあなたをかき抱かんが為に剣を休めている、そう、遠くギリシャのアテナイの戦士です。漆黒の闇の中でたてがみを休めている、そう、僕は今、ライオンなのです。

お送りしましょう、爪を研ぎ、牙をむき、今あなたに襲いかからんとする僕のジェットストリームを！

（「坂本覚悟ー!!」と斬り掛かる新撰組。それを斬る坂本龍馬）

僕は今、あなたに教えてあげることができます。

アルチュール・ランボーが白い星の花を求め、アフリカに旅立ったその謎を。

ジャン＝リュック・ゴダールが、『気狂いピエロ』の中でベルモンドの頭にダイナマイトをくくりつけ、海に沈めたその謎を。（斬る）
リヒャルト・ワーグナーが五線譜に叩きつけた『ワルキューレ』の怒りの謎を。
哲人フリードリッヒ・ニーチェが鉄の意志で書いた『ツァラトゥストラ』のその謎を。そしてヴィンセント・ヴァン・ゴッホがアルルの黄色い部屋で耳をそぎ落とさねばならなかったその謎を。（斬る）
僕はあなたに教えてあげることができます。
しかし、あなたは僕の苦しみを知ることはありません。僕の切なさを知ることはありません。それは僕の震える心が、風に揺れる水辺の小さなすみれの花にも似て、か弱いものだからです。（斬る）
しかし僕は今、荒野のライオンです。
一万光年の銀河の果てから舞い戻った傷だらけの宇宙飛行士です！
そして孤立孤独を恐れず、孤立に陥らず、金色の鬣《たてがみ》をいからせている
そう、僕は今、熱いライオンです。

今でも『ミスター・ロンリー』の曲に乗せてこの詩を呟くのが、私自身への癒しとなっている。

実はこの舞台には私にとって、もう一つとても思い出深い出来事がある。

ある時、マネージャーの伊藤が、

「今日終わったら、楽屋に可愛い女の子を連れて行くので、頑張って」と言う。可愛い女の子？　よく分からなかったものの、とにかく、その日の芝居を終え、すぐに楽屋に戻るはずが、私は伊藤に言われたことをすっかり忘れてしまっていた。いけねっと思い、楽屋へ向かおうと舞台袖を出たところで、花束を持った女の子が伊藤と立っていた。伊藤がボソボソッと言った。

『幕末純情伝』の舞台に立つ筆者

「……ちゃんです」

よく聞こえなかったのに加え、女の子の顔を見ても誰だか分からなかったので、私は、

「え？　誰？」と聞き返した。もう一度伊藤が「……ちゃんです」と言う。「え？」

このやり取りを三回くらい繰り返したところで、やっと、

「代李絵《よりえ》ちゃんです」と聞こえた。

その瞬間、私は駆け寄り代李絵を抱きしめた。

「元気だった？」

代李絵は、文学座に入りたての頃、私が若くして結婚した時にできた最初の娘だ。もう十数年も会っていなかった。街中で同じ年頃の女の子を見かける度に「もうこのくらいになったのか」と思っていた。こうして再会できて胸がいっぱいになり抱きしめた。事情を知らないいつかが、「何やってるんだ？　この二人」と言わんばかりに、私たちの周りをぐるぐる回っていた。

『映画に出たい！』だ。

五年前にこの時と全く同じ状況のシーンを、正に同じパルコ劇場で観たことがあっ

た。しかも、私と関わりあいのある福田陽一郎さんの演出で、杉浦直樹さんと大竹しのぶさんがやったニール・サイモン作の『映画に出たい！』という舞台だった。別れた女房との間にできた娘が年頃になり、ロスの映画業界で働く父親をニューヨークからヒッチハイクをして訪ねるというシーンだ。観劇したのは一九八二年だったので、この場所で自分が同じように時を経て娘と再会することになるとは、まるで予言のような出来事だった。

今では、二〇〇八年に私の母が他界して以来、毎年正月には必ず、弟一家や代李絵一家と家族ぐるみで集まってワイワイやることにしている。

『幕末純情伝』をやりながらも、私はそろそろ映像もやってみたいと思っていたので、当時の出演者割引三千円のチケットを百枚自腹で買って、各テレビ局のプロデューサーやディレクター、映画監督など知る限りの人を招待しようと思い立った。このアイデアを伊藤に伝えたところ、そりゃあ良いということになり、百名分の招待券を出した。なるべく多くの映像関係者の心に引っかかってくれたらという祈りを込めて。

世界が一変した『東京ラブストーリー』

『幕末純情伝』が終わって、チケット作戦が功を奏したのか、一九九〇年フジテレビに呼ばれた。

「今度月曜九時の連ドラで『東京ラブストーリー』というのをやります。織田裕二と鈴木保奈美主演です。その会社の部長役をあなたにやってもらいたい」と。

そして、大多亮プロデューサーから、

「西岡さん、これに出たら、もう電車に乗れなくなりますよ」と言われたが、正直内心、

「大した自信だなぁ。それにしても、電車に乗れなくなるとは、何をオーバーなことを」と思った。柴門ふみさんの原作によるこの話は、織田裕二君演じるところの永尾完治と鈴木保奈美さん演じる赤名リカの恋物語で、原作の最後には赤名リカが妊娠して、アメリカに渡り出産して帰ってくるのだが、その子供は部長の子という設定だ。

そこで、「鈴木保奈美さんを妊娠させてもおかしくない俳優を探していたところ、あ

なたが良いということになりました」というのだ。このドラマは小田和正さんが歌うテーマソング『ラブ・ストーリーは突然に』の大ヒットも相まって、今までのフジテレビの連続ドラマで、史上最高の視聴率となった、いわゆるトレンディドラマの代表作だ。

果たして大多プロデューサーの言ったように、電車に乗れなくなるという予言は現実となった。私のキャリアがまた大きく変わった記念すべき作品である。

このドラマをきっかけに、私は「しばらく舞台を休む」と事務所に宣言して、映像一本に絞った。世はバブル時代の頂点だった。『東京ラブストーリー』の後、テレビドラマの数が今とは比べ物にならないくらい多かったこともあるが、仕事が山ほど来るようになった。朝早くから東映、昼から日活、夜はＮＨＫと一日に三本のドラマ撮影をこなしたこともあった。一本当たるとこんなにも違うものかと恐ろしささえ感じた。

高倉健さんが言いたかったこと

一九九一年、ＮＨＫのテレビ番組の、山田太一脚本、高倉健さん、大原麗子さん、杉浦直樹さん出演の三人の愛情をめぐる『チロルの挽歌』というドラマで、初めて高倉健さんにお会いした。私は高校時代から強烈な高倉さんのファンだったので、初日、ワクワクドキドキしながらＮＨＫに向かった。ＮＨＫの初日の顔合わせと本読みは、いつもテーブルを四角く並べて名前の書いてあるところに座る。奇《く》しくも私の隣が杉浦直樹さんで助かった。その隣に河原崎長一郎さん、金子信雄さん、岡田英次さん。そうそうたるメンバーが横一列で並んでいる。高倉さんの席は私の目の前だ。なんで俺がこの位置なんだろうと不思議に思ったが、名札がそうなっているんだから仕方がない。座って山田先生や杉浦さんと話をしていたが、予定時刻を過ぎても高倉さんは来ない。三十分経っても来ない。ＮＨＫの制作から、

「すみません。今渋滞に巻き込まれていて、高倉さん、あともう少し遅れます」

というアナウンスが入った。一時間近く遅れて高倉さんが、

「どうも皆さん申し訳ありません」

と入ってきた。後ろに小林稔侍さんが付き添いのようにいた。私は立ち上がって高倉さんに、

「西岡です。よろしくお願いします」

と頭を下げた。

「高倉です。西岡さんよく見てます。面白いですね」

と言われ、社交辞令だとしても、この上なく嬉しかった。

「ありがとうございます」

と頭を下げると、高倉さんも、

「よろしくお願いします」

と頭を下げる。私が頭を上げると、高倉さんはまだ頭を下げていた。私は慌ててまた頭を下げ直した。

北海道の芦別という、昔、炭鉱の町だったところがロケ地だった。私の役は市役所の地域振興課長で、高倉さん演じるテーマパークの責任者との交渉係だ。二人きりでサシで話すシーンが、五ページくらいあったが、ほとんど私が喋る場面だ。山田太一

さんが、健さんに当て込んで書いているから、役も寡黙な男なのだ。私が五、六行喋ると健さんが「はい」、また私が五、六行話すと「ええ」、今度は十行喋ると「そうですね」だけ。最後に私ばかり喋って、「あなたさっきから、はい、ええ、そうですね、それしか言いませんね」と言うと、「はい、そうですね」で終わる面白いシーンでみんな笑っていたが、私は大変だった。前編は夏、後編は冬と二度芦別に行った。夏は高倉さんと呼んでいたが、冬には健さんと呼ばせてもらった。

ある夜、もう寝ようかと思っていた頃、ホテルの部屋の電話が鳴ってディレクターの富沢正幸さんが、

「夜遅くにすみません。高倉さんがコーヒーを飲みたいと言っているので、もしよろしかったら、下に降りてきてもらえませんか？」と言う。

「分かりました。すぐ行きます」と言うと、

「暖かい格好をしてきてください」と言う。なんで？　ホテルのロビーだろうと思ったが、一応ダウンを持って行った。すると健さんがやって来て、

「じゃあ行きましょうか」と言った。私が、

「どこへ行くんですか？」と聞くと、

「町のコーヒー屋でいいところを見つけたので、今開けてもらってますから」と言うのだ。もう夜十二時を回って外は吹雪だ。ここは山の上のホテルだから「下まで行くのは大変でしょう？」と言うと、

「僕が車を運転しますから」

と言って、健さんは私と娘役の白島靖代さんと、私の部下役の芦川誠君を乗せ、自らジープを運転した。猛吹雪の中、車はガンガン走って町のコーヒー屋に向かった。店では店主が喜んで待っていてくれて、サイフォンでコーヒーを淹れてくれた。それを飲みながらゆっくりと健さんの独演会が始まった。健さんは、ニコニコしながら、そして時にはあのはにかんだ顔をしながら話す。自分は寒いところに縁がある。網走番外地、八甲田山、そして南極物語と、四方山話をたくさんしてくれた。その横顔を見ながら、この人は本当は凄くお喋りなんだ。喋りたくて、気の置けない俺たち三人を誘ったんだと思った。本当に人見知りというかシャイというか、決して高倉健というブランドを壊さない、ストイックな人だと感じた。

文学座時代に、高倉健さんが雑誌のインタビューで、「どういう俳優になりたいですか？」との質問に「銭の取れる俳優になりたいですね」と答えた記事を読んだこと

があった。当時、新劇青年だった私は高倉さんという人でも金のことを言うのかと少しがっかりした。しかし、時を経て高倉さんの真意が分かった気がした。

スポーツと違って芸術の世界の評価は数字では表せない。ピカソの絵が何点とか、ベートーヴェンの音楽は何点とか、三島由紀夫の文学は何点とか、見た人、聞いた人が、それぞれに感じる点数がその人の正解だ。スポーツなどの世界では、野球は、今年は三割三分三厘打った、ホームランは四十五本打った、ピッチャーは二十勝できた、相撲は、八勝七敗ならば上に上がれる、七勝八敗では下に落ちるだけ。スポーツ選手はその数字で自分自身が納得できるが、俳優の世界は、評価が数字で出てくる訳ではない。今日の西岡の演技は六十五点、またある人にとっては三十点、またある人にとっては八十点。評価する側、評価される側、皆それぞれに好み、嗜好がある以上当然だ。

「役者としての私をいくらで買ってくれますか?」。その値段が俳優の評価とも言える。もちろん金で全てを決める訳ではないが、この喩《たと》えはとても分かりやすいと思う。

コーヒーに誘われた夜、話を聞きながら、当時のインタビュー記事を思い出した。しかし今、目の前にいるこの人からは、いやらしさが微塵も感じられない。彼のポリシーが立ち居振る舞いに表れ、それがオーラとなって出ている。やっぱり高倉健は素敵な人だった。

勝新太郎さんと歌った『座頭市』

高倉さんとのエピソードを書いたので、もう一人素敵な天才的俳優のお話をしたいと思う。初めて勝さんにお会いしたのは、前述した蜷川幸雄演出『ノートルダム・ド・パリ』の楽屋だった。お兄さんの若山富三郎さんが出演していたので観に来られたのだ。一幕が終わって楽屋前の廊下にいると、勝さんが足早に歩いて来られ、私の顔を怖い顔でジーッと見ると、

「うん、お前、いいよ。とてもいい」と言ってニコリと笑い、若山さんの楽屋の方に再び足早に歩いて行った。

その後の舞台が、大変だった。若山さん演じるカジモドはそれまで一切台詞がなく、浅丘ルリ子さん演じるエスメラルダに張り付いていた。が、エスメラルダが処刑にな

った瞬間、そのまま死体を抱きしめると、おもむろに顔を上げ「うおーー」と嘆き、そこから約二ページの長い独り台詞を滔々と話し出す蜷川演出だ。

カジモドは背にこぶのある聾唖者だ。ところが、その日はこのシーンで起き上がると、それまでの「せむし男」ではなく、ヘアースタイルもオールバックにきっちり決め、付け睫毛を載せ、スキッと立ったピンピンの二枚目であった。周りの共演者たちは唖然とした。終演後、蜷川さんは若山さんの楽屋に飛んで行き、

「先生あれは何ですか?」と尋ねると、

「勝がよう、『お兄ちゃん、あそこからカジモドはドン・ホセにならなきゃいけないよ』と言って俺の顔にメイクしたんだ」

蜷川さんは慌てて、

「いやあれは芝居が違いますから、お願いですから止めてください」と説得し、そのドン・ホセは幻の一回きりのハプニング公演になった。

しかし、勝新太郎という人はとてつもない発想力で面白いことを数々する。映画『座頭市』シリーズでも、勝さんの発想はふんだんに取り入れられている。特に監督をした時は、見事なシーンをいくつも作る。

黒澤明監督の『影武者』では意見の相違があって降板し、大ニュースになったのが、実に残念なことだった。勝新太郎さんの演じる武田信玄の『影武者』も観てみたかった。

後年お会いしたことがあって、

「仲代達矢さんの『影武者』をどう思われましたか？」と聞くと、

「あれはあれで良いと思う。けれど俺のやり方とは正反対に違う」と言っていた。やっぱり演りたかったというのが本音だろうな、と私は感じた。

勝さんからは、

「お前もっといろんな角度から役に取り組まないと勿体ないよ」

と言われたことがある。

「お前が見てるのはただ一面の人物だ。例えば空中に月のようなものが浮かんでいて、それは正面から、裏から、上から、下から、どこから見ても月は月だ。一方からだけ見ていては勿体ない」

そういうことを仰ってくれた。

ある時、東映京都撮影所で津川雅彦さんから、今晩よかったら食事をしないかと誘われた。私は夜間撮影があったので、終わってから電話をすると、「花見小路に来い。石橋蓮司と沖田浩之と飲んでるから」というので、駆け付けた。乾杯だと言って杯を上げた時、以前私のマネージャーでもあった土井弘子さんが、「津川さん、隣の部屋に勝さんがいて、『みんないるのか？　じゃあもし俺のところに来る気があったら来い』と言っています」

と言うので、そりゃ行かない訳にはいかないと、杯をそのまま持って勝さんのところに行った。そこはちょっと広いカラオケルームになっていて、みんな代わりばんこに歌った。

午前三時も過ぎたので、そろそろお開きにと、勝プロ常務の真田さんが言うと、「じゃあ俺が最後に『座頭市』を歌って帰る」

と仰った瞬間、私は酔いも回っていたのか、「勝さん、『座頭市』は俺に任せてくれ」

と言ってしまった。みんな、「えええーっ」とビックリしている。津川さんは声も出さずジェスチャーで、「バカバカバカー」と口をパクパクさせている。勝さんは私の顔を見て、

「そうか。じゃ西岡、俺が一番を歌うから、お前二番を歌え」と言った。勝さんは一番を歌い終わると私にマイクを渡し、座頭市の居合切りを無言でやりだした。私はそれに合わせて二番を歌った。その間、誰かが私の付き人をしていた貴山侑哉に、

「お前出て行って座頭市に斬られろ」と指図している。貴山は恐る恐る出て刀を構えるふりをしたが、座頭市の勝さんは目をつぶっているので分からない。貴山は振り上げた刀をどうすることも出来ず、「えいっ」と座頭市を斬ってしまった。皆、あらーっとひっくり返った。が、なんと幸いなことに座頭市は目をつぶっていたので見ていなかった。助かった。

勝さんはご機嫌でお帰りになったが、その後、津川さんから、

「徳馬、お前馬鹿か。勝新太郎の前で『座頭市』を歌うなんて！　でも、おかしいなあ。勝さんはよっぽどお前のことが好きなのか。昔なら、なにぃ？『座頭市』を俺の前で歌う？　よしやってみろと言って歌わせて、歌い始めたところで、『いやいや違う違う、もういっぺんやってみろ』、歌うと『いや違う。違うんだよ』と、百回位はやらされてるぞ。それにオイ付き人！　お前もお前だ、座頭市を斬る馬鹿がどこに

いるんだ。斬られろと言ったんだよ」

返す言葉もなかった。

次の日、私は昼からの出番で撮影所に行くと、入ってすぐのところにある演技事務所で、いきなり、

「徳馬ちゃん凄ぃね。昨夜、勝さんの前で『座頭市』を歌ったんだって？　しかも付き人の貴山クンが座頭市を斬っちゃったんだって？」と、もう知っていた。衣装部に行くと、「徳馬さん凄ぃですなぁ。勝新さんの前で『座頭市』を歌わはったんやて？　しかも付き人さんが勝新さん斬っちゃったんやてね」

カツラの部屋に行っても同じことを言われた。みんな知っている。

「朝から津川さんがその話で持ちきりでしたわ」と大騒ぎしていた。

バリバリの元気な勝さんをよく知っている津川さんからすると、昨夜の光景は相当ショックだったのかも知れなかった。

それから半年後の六月、勝さんがお亡くなりになった。

津川さんから電話があって、

「すぐご自宅に来ぃ。渡したいものがある」と言われ、勝さんのご自宅に伺い、ご遺

勝新太郎さんの前で『座頭市』を歌う

体に手を合わせていると、

「これだよ」と言って、津川さんがポンと封筒を投げ出した。開けてみると中に写真が三枚入っていた。

あの時の写真だった。奥さんの中村玉緒さんはその写真を見て、

「ああこの時、パパ帰ってきて、『凄く楽しかった』と話していたのよ。この写真、徳馬ちゃん一枚ちょうだい」

と仰ったので、お好きなものをどうぞとお渡しした。その写真は今も私の宝物として置いてある。

杉浦直樹、高倉健、勝新太郎……どうも僕は昭和六年生まれの人に可愛がられる縁があったようだ。

着メロが『君が代』の津川雅彦さん

昭和六年生まれの先輩方の次の世代でお世話になったのが、先ほどから登場している昭和十五年生まれの津川雅彦さんだった。お父上は澤村國太郎、母上はマキノ智子、叔父は加東大介、叔母は沢村貞子という映画一家に育った方で、俳優のみならず、マキノ雅彦という名で監督として映画を撮ったりしていた。津川さんにおいては側から見ていた限り、勝さんからの影響が強かったと思う。俳優はみんな影響を与え合っているのだ。よく悪人を演じる際、悪人とはいえどこか何かいいところもあるんだろうと、何かしらいいことを入れたがる役者もいるが、彼は逆で悪を演じる時は徹底した悪を演じた。このメソッドは私にも勧められた。津川さんは、中途半端になるようなことを嫌う人だった。若い頃は新聞記者を目指していて、時折話すことも左寄りのことが多かったが、後年、東條英機を映画で演じてからか、彼の思想に変化が現れた。ご自分の好きな映画関係者や俳優、女優を五十人ほど招待し、当時首相を辞め、一議員になっていた安倍晋三さんを名誉会長として担ぎ出し勉強会を始めた。ある年の新年会に私も呼ばれ、「徳馬、今年は司会をやってくれ」と頼まれた。その時の彼の出で立ちは黒紋付袴だった。会場のセンターには日の丸の旗が掲げてあり、その前で司会を務めた。その頃、何より驚いたのは、彼の携帯に電話をすると、なんとそこから『君が代』が流れてきたことだった。これ以上の「待ちうた」はないだろう。

「役者はいつも人がびっくりするようなことをやるのが仕事だ」そうモットーを掲げていた津川さんのその発想に再び感動すら覚えた。人を驚かす発想。当たり前のことをやっていたら人は驚かない。その精神で役者道を貫いたに違いない。津川さんのように個性の強い俳優さんたちから薫陶を受け、ありがたいことに私には楽しい思い出ばかりだ。

個人事務所「プレイヤーズ」設立

長くひとところにいると何だかんだと、ひずみが起こる。若手からの煽りもあって伊藤事務所を辞めた。

一九九五年、私は初めて自分の事務所を設立し、名前を「プレイヤーズ」とした。

玉川大学演劇専攻の後輩で、どうしても俳優になりたいと、エリート広告代理店を辞めて、付き人をしてくれていた宮本正大（本宮ひろ志原作『新・男樹』主演）と、グランパパ時代に知り合った横浜の後輩、鈴木宏一と私、この三人で立ち上げた。そして宮本正大は宮本大誠と、鈴木宏一は貴山侑哉（The座頭市を斬った男）と私が命名し、心機一転して行こうと勇んだ。事務所を開設して三日後、地下鉄サリン事件が起きた。西麻布の自宅と共に新設した事務所は騒然とした。

その内に甥っ子の竜一朗も所属した。私の舞台『血の婚礼』を観て、とても感動し、俳優に興味を持ったらしい。入所してしばらくした後、竜一朗は戦隊モノのオーディションを受けると、なんと主役のレッドの役に受かり、『救急戦隊ゴーゴーファイブ』のゴーレッドとして活躍した。現在は、俳優を引退し、ハーレーダビッドソン専門のカスタムショップを経営している。

風雲急を告げる世の中に事務所の運営も大変だった。何しろ経験のあるマネージャーがいない。つくづくマネージャーの仕事も大変だなと思った。マネージャーが売るのはモノではなく人間だ。何より信頼関係第一。しかしマネージャーからすれば、品質の良いものしか自信をもって売り込めない。売り込みに行ってもなかなかすぐにはいい仕事にありつけなかった。私だけならまだしも、入れてくれと言われるとすぐにOKしてしまう私自身にも問題があった。若手俳優志望者が、多い時には十五人に膨れあがった。それでも頑張ってマネージャーを募集し四人も追加して五年間はやってみたが、それでもなお所属タレントに仕事が取れない。私には、これが一番辛かった。

ついに、にっちもさっちもいかなくなり、断腸の思いで事務所は解散し、皆それぞれに散っていった。以前から、

「西岡さんプロダクション経営は大変でしょ。あなただけでも私の事務所に来てくれませんか？　一緒にやりましょう」

と誘ってくれていた戸張立美のスタッフ・アップという事務所に入ることにした。そこには以前、伊藤事務所で一緒にやっていた伊藤秀樹も入っていたので、こりゃあ「鬼に金棒だ」と彼らは豪語し、私もそれに乗ったのだった。

警察にもなれば、ヤクザにもなる

仕事は順調にこなしていた。三田村邦彦君との時代劇共同主演『殿さま風来坊隠れ旅』なんかはめちゃくちゃに楽しく、思い切り演じることが出来た。

二時間ドラマ全盛の時代に、現代劇では、かたせ梨乃さんと共演した『名探偵キャサリン』シリーズは十五本もの長いシリーズとなった。

私の演じる狩矢警部は、他の俳優のやる狩矢警部とは少し違った。何しろ最後に事件を解決するのは主役のキャサリンだから、あまりシリアスにやったら却っておかしいと思い、お惚《とぼ》けの入った軽めの狩矢警部でやることにした。

私は知らなかったが、初回を観た原作者の山村美紗さんから、

「狩矢警部はあんな軽い馬鹿じゃない」

と制作会社のテレパックにクレームの電話が入ったらしいが、プロデューサーの森下和清が、

「今回のシリーズの狩矢はあの線がいいのです。あれで行かせていただきたい」

と頼んで山村先生に了承していただいたんだと、二作目に入る時に森下から聞いた。この男、森下和清は聖ミカエル学院の同級生だった。有難いことに評判もよく、足掛け十年続いた楽しい思い出がたくさんあるシリーズとなった。

この後に岡江久美子さんと共演した『密会の宿』シリーズも、やはり二時間ドラマ特有の女性主人公が事件を解決するパターンだった。これまた主人公に思いを寄せる、番場刑事という役を演じた。こちらも好評で十本続いた。

当時、岡江さんは毎朝『はなまるマーケット』をやってから、この撮影現場に来ていた。大変だったと思う。なのに、いつでも明るく元気な人で、現場は常に楽しかった。早世されたことが未だに信じられない。

狩矢警部、番場刑事……アレコレ思い返してみると、警官ばかりだ。

他にも警部よりもう少し偉い、方面本部長を演じた『こちら本池上署』。

浅見光彦シリーズでは、光彦の兄の陽一郎役。これは警察庁の刑事局長だから、この役が一番偉いかな。

「プレイヤーズ」で制作したVシネマ『内閣特務捜査官　ORDER』、時代劇では『大岡越前』の与力など、様々な警察関係の役を演じてきたが、ついに二〇〇九年には、ありがたいことに初主演作である『緑川警部シリーズ』が誕生した。しかし、いざ自分が主役となると、その責任感は脇で参加していた時よりもはるかに重く、あまり馬鹿も出来ない。それでもやっぱり地のおちゃらけが、時折出てしまった。台本の組立て、直しと、俳優として演技する前の段階からの作業の方が忙しかった。それがまた張り合いになったのだが、これは大変残念なことに四作のみで終わってしまった。日本のテレビ界が二時間ドラマの終焉を迎える頃合いだった。

警察官の役も多かったが、実は反対にヤクザ役も多かった。

一九九一年に出演した映画『新・極道の妻たち』で初めてヤクザを演じた。映画公開後に、とある雑誌で「新しいヤクザ俳優の誕生」と書かれたことがとても嬉しかった。その後も、『修羅の伝説』『極道の妻たち　地獄の道づれ』『新・男樹』『極道天下布武』などの映画やVシネマなどでヤクザを演じさせてもらった。

中井貴一君、松山千春君が主演の映画『極道戦争　武闘派』では、千葉真一さんと私がそれぞれ組長の役、丹波哲郎さんが会長役だった。

撮影中、照明直しが入り、二十分かかるというので、丹波さんはセットの近くにある俳優会館へ戻ってしまい、セットも静かになったので、私は裏の方で台詞の練習を一人でブツブツとしていた。すると、「ちわーす！」「ちわーす！」と声がする。ふと覗くと車椅子に乗った若山富三郎さんが来ていた。千葉さんもすぐに駆け寄って「先生！　お久しぶりです！」と扇子であおぎ始めていた。私は台詞の練習をしていたこともあり、捕まったら逃れられないと思って、そのまま裏で引き続き練習をしていた。しばらくするとまたセットがシーンとなったので、もうお帰りになられたかなと思い覗いてみると、瞬間こちらを見た若山先生とバチーンと目が合ってしまった。

あちゃー。まだいた！

急いで「わぁー先生」と飛んで行くと、

「おう、トクミ。お前もこんなところに来るようになったか」とあちらの方が驚いていた。

そして「サダオ～サダオ～」と大声で中島貞夫監督を呼び、

「おい、サダオ、こいつは俺が蜷川の舞台で世話になったんだ。いい役者だからよ。良くしてやってくれ」と言ってくれた。中島監督も、

「はい。分かってます。すごくいい役者です」と言ってくれた。

ああ、もうきっとこれが若山先生とお話しする最後の機会だろうなぁと、車椅子に

乗った姿にそう感じ、東映の門に停めてあるハイヤーまで、車椅子を押してお送りした。

「お疲れ様でした！」

そして、次の日の撮影も、また照明直しが入り、待機していると「ちわーす！」「ちわーす！」と聞こえてきた。

なんと先生がまたいらしたのだ！

きっと撮影所が懐かしくて、来たくて来たくてしょうがなかったんだろう。俳優陣が皆パッと立ち上がり、先生に挨拶する中、一人うずくまっている奴がいた。二日酔いだったかでウトウトしていたジョニー大倉君だった。若山先生は自分のもとに挨拶に来ないジョニーに気が付いて、

「ありゃ誰じゃ？」

私が慌ててジョニーを起こして呼ぶと若山先生が、

「ワレ何じゃい。俳優だったら立って挨拶せんかい。ワレここから生きて返さんようにしたろかい」と関西弁で捲し立てた。これが、前述した通り、キレた時の若山先生のご様子だ。俳優がヤクザを演じているのかヤクザが俳優をやっているのか?? 若山

富三郎、それが分からなくなるほどリアルだった。

この作品に出ていた丹波哲郎さんも、これまた個性の強い面白い方だった。

ある時、中井貴一君に、

「中井君、君のお父さんが亡くなったのは幾つだ？」と尋ねていた。貴一が、

「三十七くらいです」と答えると、

「うーん……君のお父さんは生まれ変わって、もうこの世にいる。……早く死んだ人は早く生まれ変わる、ただし……！　犬になってるか猫になってるかは分からない！」と言い放った。

貴一をはじめ、聞いていた他の俳優は皆ひっくり返りそうになった。私を挟んでの会話だったので、中に入っている私はどう対処するか、とりあえず……笑った。

この話を『唐版　滝の白糸』で共演して以降、仲良しのせんだみつおに話すと、彼も昔、丹波さんに初めて会った時、

「初めまして、せんだです」と言うと丹波さんからこう言われたという。

「うーむ、せんだくん……君は間違いなく、地獄に落ちる」と。

そして、そのせんだが最近私にこう言い始めている。

「徳馬さん、あなた……最近、丹波さんにそっくりになってきましたね」と(笑)。

トラブル事件簿

こうして三年間映像の仕事ばかりだったが、銀座セゾン劇場での大竹しのぶさんと共演の『人形の家』から舞台活動も再開した。

この公演の時、大変なことが起きた。

実は、稽古に入る前からNHKの長編ドラマ『新十津川物語』という作品に入っていた。二部構成で一部は出来上がっていたが、二部の撮影がまだ残っていた。真冬の北海道での撮影分だ。その撮影の合間を縫って稽古をやっていたが、舞台の本番が近づいてもNHKドラマの雪の中での撮影が残っていた。セゾン劇場のプロデューサーになっていた劇団雲の大好きな先輩俳優の高橋昌也さんから「これでは舞台の初日に間に合わない。申し訳ないがNHKの方を降りてくれ」と注文が来た。事務所は何とか両立出来ないかと交渉していたが、雪の都合もあってNHKはスケジュールをずらせない。しかし今から降りろと言われても、ほとんど撮ってしまっているのだ。

初日前の舞台稽古の日、俳優は全員メイク、衣装をつけて十二時に集合となった。その頃、私はまだ千歳空港にいて飛行機に乗るところだった。しかもその日は大雪で飛行機も遅れていた。電話で事務所に何とか事情を説明して、遅らせてもらえないかと頼んだ。ようやく羽田空港に到着してマネージャーに言うと、

「いえ、それはセゾンには通じてません。NHKの方を降りてくれと言われたので、それを了解してしまいましたから、今日は西岡さん個人が遅刻したことにしてください」と無謀なことを言われた。

セゾンの楽屋に飛び込むと、衣装・メイクをつけ準備万全の大竹さんはじめ出演者全員に私は睨まれた。仁王立ちのしのぶちゃんに、

「西岡さん、いい加減にしてください」

と言われた。そりゃそうだ、逆の立場なら俺でも怒る。こちらは只々平謝りするしかない。まさかさっきまで北海道で撮影をしていたから、とは言えなかった。ダブルブッキングは極たまにあって、前の仕事が終わらずの遅刻はまだ言い訳が通ることもあるが、個人的な遅刻にされた、この一件が一番辛かった思い出かもしれない。

いや、もう一つ危なかったことがある。

仲間由紀恵さん主演の舞台『テンペスト』をやった時のことだ。東京公演が終わって大阪公演まで二日間の空きがあった。その二日間でプロゴルファーの石川遼君と一緒にコースを回るゴルフ番組の話が来た。

遼君なら知っているしと、半分乗り気で言うと、

「少し遠いんですけれども、やってみませんか？」

と聞かれて、遠いといっても北海道や九州なら帰って来られるじゃないか。よしやってみようと言ってお受けした。ＯＫを出したその直後、

「遠いというが場所はどこですか？」と尋ねると、

「アリゾナだ」と言う。もう一度聞き返した。

「アメリカのアリゾナですか？」

「そうだ」と言う。それはとても二日間では無理だと思ったが、待てよ、東京公演の打ち上げに出ずに、その晩の飛行機で向かえば、もしかしたら行けるかもしれないという欲が働いた。もう一人誰かいませんか？　と言うので、そういえば里見浩太朗さんが今サンディエゴの別荘におられるので、電話をすれば と制作会社に伝えると、

「西岡さんから電話してもらえませんか？」と頼まれた。まぁその方が話は早い、そこで電話をかけると、里見さんは、

「石川遼君か、それは楽しそうだな。よしやってみよう」と乗ってくれた。ロサンゼルス空港で待ち合わせて、国内線に乗りツーソンという所まで行く。二チーム撮りで、私の組は里見浩太朗&西岡徳馬のチーム、次の組は、サッカーの松木安太郎さん&城彰二さん、みんな揃って国内線に乗った。ツーソンに到着し、荷物を受け取るところで、いくら待っても私と松木さんのキャディバッグが降りてこない。係に尋ねると、

「松木さんのは次の便で来ます。ミスター西岡のは間違えて、サンフランシスコに行きました」と、悪びれる様子もなく、「俺は知らない」と平然と言われ、その態度に大変ショックを受けた。一緒に行った事務所の社長は明日ゴルフ場で新しいクラブを買えばいいから、と慰めてくれたが、「そういう問題じゃないよ」と心の中では怒りというかがっかりが収まらなかった。疲れ果てて、ホテルについて寝ていると朝六時に電話がかかってきた。

「西岡さんのキャディバッグが届きました」

「え？　どういうことなの？」と聞くと、プロゴルファーの倉本昌弘さんの奥さまの

お姉さまのマージィさんという方がこの番組のコーディネーターで、彼女は昔、岡本綾子さんのアメリカツアーを全部コーディネートした大変優秀な人だそうだ。その彼女がユナイテッド航空に交渉してくれたのだ。どうやって持ってきたのかと聞くと、なんと軍用機を飛ばしたという。これがないと番組ができない、ユナイテッド航空を訴えると言ったらしい。やはりアメリカだ。交渉事は強気で行かなければと、肝に銘じた。

朝からプレイをして撮った番組が昼に終わり、私はお湯の出ないシャワーを浴びて帰ることになったが、里見さんはもう少しここで遊んでいくと言って残った。ツーソンの空港に着くとホッとしたのか、急に睡魔が襲ってきて私はベンチで寝てしまった。どれだけ時間が経ったか、ふと目を覚ますと周りに人が少ない。事務所の社長に、「もうそろそろ行かないといけないいんじゃないか」と尋ねると、「ああそうだね」と慌てて受付まで行って聞いたが、サンフランシスコ行きの便は「ジャストレフト」つまり「今出た」と言われた。

さあ大変だ。どうする？　拙い英語で交渉すると、

「今から出る便があるから、それに乗ればまだ間に合うかもしれない。あれに乗れ」

と指さされ、私たちはフェニックス行きの便に飛び乗った。そしてフェニックスからまたサンフランシスコ行きの飛行機に乗り換えて、サンフランシスコにようやく辿り着き、そこから走ってインターナショナルカウンターに行き、無事に帰りの便に乗れたという訳だ。羽田に着いたのは舞台稽古の日の朝、それから新幹線で大阪まで行き、何とかギリギリ間に合った。こんな危険なことはもう二度とやりたくない。そう思った。忘れられないゴルフの思い出だ。

しかも、この公演中に東日本大震災が起き、『テンペスト』の会場だった出来て半年の大阪新歌舞伎座も揺れて、その日、昼の部の公演は中止になった。

二〇一一年三月は忘れようにも忘れられない年となった。

里見浩太朗さんに分けてもらった弁当

前の項で名前が出たところで、里見浩太朗さんの話も少ししたいと思う。

あれは確か一九七四年、私が初めて京都の東映に『水戸黄門』の撮影で行った時の

こと。奈良の山奥でのロケだった。昼休憩になり「はーい皆さーん。弁当にしてください」と言われ、

「どこで弁当貰えるのですか？」と制作スタッフに尋ねると、

「えーっ？　弁当なんか出るかい。何や、持ってきてへんの？　今時、弁当なんか出すのはな、東京の三船プロぐらいなもんや。そんならそこの水でも飲んどき」と水色のポリバケツを指さした。ゴミバケツで使うあのポリバケツだ。

「そんな話、聞いてねーよ」と口から出そうになったが我慢した。

「京都の東映というところは、『ここが日本のハリウッドだ』と思っている。東京から来た人間にはみんな試練が待っているからな。少しくらい嫌なことがあってもくれぐれも喧嘩はしないでくれよ」と言われたことを思い出したのだ。

それにしても弁当のことを教えなかった演技事務員と、さっきの制作の奴にはカッカ来ていたが、我慢してウロウロ歩いていた。山の中腹の見晴らしの良いところに出ると、水戸黄門一家がみんなでピクニックのようにご飯を食べていた。東野英治郎さん、里見浩太朗さん、横内正さん、中谷一郎さん、高橋元太郎さん、そして紅一点の宮園純子さんたちだ。私がウロウロ歩いているので里見さんが、

「西岡君もうお昼ごはん食べたの？」と声をかけてくれた。

「いや僕は弁当を持ってくるのを知らなかったので……」と答えると、

「あーそれは可哀そうだね。よかったらここへ来て一緒に食べな」と言ってくれた。

さっきの冷たいスタッフの対応と打って変わった温かい言葉に、私はこんな優しい人もいるんだと嬉しかった。その後、十数年も里見さんとは会っていなかったが『殿さま風来坊隠れ旅』で京都に長く滞在することになり、その時、「もしよかったら今晩一緒に飲まないか？」と誘われて、花見小路の小さなクラブに行った。入ると、先に来ていた里見さんがマイクを持って歌っている。奥さんもいらして、テーブルには一升瓶が置いてあり、ぐいぐい飲みながら歌を聴いている。里見さんは歌い終わるとウイスキーの濃いのをがぶ飲みしている。奥さんに「お強いんですね」と言うと「えっ？」と聞き返された。

「里見さん、ずいぶん濃いのを飲んでらっしゃるから」と言うと、

「何言ってんの。あれは烏龍茶よ。あの人は一滴も飲めないの。これは私のよ」と仰った。

本人はそんな会話を尻目に、ご機嫌でマイクを離さず歌い続けていた。

その後からだったと思う。お互いにゴルフが大好きだということが分かって、よく京都でゴルフに誘われ、何度もプレイし、京都のお友達を紹介されたりした。サンディエゴの別荘にも呼ばれ、一週間毎日プレイした。ある日などは午前中にワンラウンドして家に帰り、奥さんの手料理を食べて、そこからまた違うゴルフ場に行き、もうワンラウンドした。

「いやぁ凄い体力ですね」と私が言うと、

「この前来た時は四十五日いて四十八ラウンドしたよ」と涼しい顔で仰った。

テレビでの共演も多々あるが、里見さん主演の舞台『花の生涯』（里見さんが井伊直弼役、有馬稲子さんが村山たか役）で、長野主膳の役をやらせていただいたのが一番印象的だ。

兎にも角にも、里見さんはおおらかで誰からも好かれる優しい人柄だ。

私より丁度十歳年上だが、自分は十年後にこんなに元気でいられるのかと思うくらいの強靭な体力の持ち主だ。大きな声で歌を歌いながらフェアウェイを歩く姿は、まるでお殿様のようだ。

「俺の健康の源はゴルフと麻雀だ」

と仰っている。

今では、里見黄門様に私と神田正輝君の助さん、格さんがついて、一緒にゴルフをしている。水彩画も見事だし、ピアノまで弾く、素晴らしい先輩だ。

『スルース～探偵～』と乳首ドリル

二〇一六年、『スルース～探偵～』のオファーが来た。

『スルース』は一九七〇年に発表されたイギリスの劇作家アンソニー・シェーファーの最高傑作ミステリーだ。著名な推理作家と、その妻の浮気相手の青年の間に起こる男二人きりの手の込んだ推理劇。文学座に入ってすぐの頃だったからもう五十年近く前になるが、私は劇団四季がこの作品を原作に上演した『探偵』を観た。出演は、田中明夫さんと北大路欣也さんだった。とてもよく出来た面白い芝居で、以来私はこの芝居がやりたかったが、劇団四季の浅利慶太さんが版権を握って放さなかったため、実現できなかったのだ。

映画化もされ、あのサー・ローレンス・オリヴィエとマイケル・ケインという名優二人の演技を見て、やっぱりこの「二人芝居」はいつかやってみたいと思っていたら、「ようやく劇団四季から版権が解放されたので、新国立劇場でやりませんか？」と言うではないか。私は降って湧いたこの嬉しい話に飛びついた。

演出は映画監督・深作欣二さんの息子の深作健太君だった。芝居は相手役が大事。殊に二人芝居ではなおさらのことだ。もちろん、推理作家の役の方を私がやるのだが、相手役は公演前半の二週間を「探偵バージョン」として、新納慎也君が演じ、後半の二週間を「スルースバージョン」として、音尾琢真君が演じる変則ダブルキャスト方式という企画になった。それは面白いと簡単に乗ったが、しかし、これが大変だった。

何しろ登場人物が二人きりなので、台詞の量が多いのは当たり前だが、私は新納君と稽古をした後、今度は音尾君と稽古をしなければならない。しかも、「二人はタイプも違うから、同じやり方をしなくてもいいよ」と私が言ってしまったがために、さあ大変だ。台詞自体は変わらないが、私が想定した以上にこの二人はキャラクター、動き、喋り方、間合い、スピードがまるで違った。本読みの段階ではそれを面白がっていたが、立稽古になってからその考えは一変した。

新納君の時はある台詞を上手前から私に向かって喋っていたが、音尾君は下手の後ろで違う方に向かって喋る、といった具合で、かなり頭の中が混乱し疲労した。

本番中も昼一回公演で新納君との回が終わっても、私は帰れない。その空いた舞台を使って音尾君との稽古が待っていたからだ。

でも嬉しいことにこの芝居はとても評判が良かった。お陰でそれを励みに何とか頑張れたが、もう途中からは体力勝負だと思った。

しかも、こんな大変な時に！　例の「ガキ使」の「乳首ドリル」の話が来たのだ。『スルース』の稽古に入る前、日本テレビが毎年大晦日にやっていた国民的番組『ダウンタウンのガキの使いやあらへんで！』の『絶対に笑ってはいけない科学博士24時』という番組からオファーが来ていて、なんでも前年の同番組で「なんでだろう♫」というテツandトモ君たちのネタをやって、少し評判が良かったからなのか、今回は私に、吉本興業のすっちー君と吉田裕君がやっている「乳首ドリル」というネタをやってみませんか？　ということだった。私はそのネタを知らなかったので、まず「DVDで見せてくれ」と言ったら送って来てくれたため見ていたら、上の娘の花織がチラッと見て「それ面白いよね」と言った。

「ええこれ面白いの？　俺にやれと言われてるんだけど」と言うと、

「やったら？　面白いよ」と答えた。

下の娘の優妃が言うのなら分かる。彼女は女優をやっていて、お笑いとかに詳しいし、彼女自身も、物真似が得意で仲間由紀恵さんとか、渡辺えりさんとか、デヴィ夫人とか色々とやってみせるが、これがとてもよく似ている。だから優妃が言うのなら分かるが、花織が言ったということで私も少し興味を持ち、

「じゃあやってみようか」と返事をした。

『スルース』の稽古に入る前にその約束をしてしまったのだ。もうやらない訳にはいかない。日本テレビも気を使って「一度本物を見てみますか？」と言うので、お願いしたら、「では夜中の十二時に日本テレビで打ち合わせをしたい。あの二人が最終の新幹線に乗って来ますから」と言われ、汐留の日テレに夜中の十二時に行った。

すっちー君と吉田君は私が彼らの芸をやるというので、恐縮しながらも目の前で「乳首ドリル」の芸を真剣にやってくれた。その真剣な態度に私はいたく感動して、

「よし、じゃあこれを覚えてやります」

と約束をしてしまったのだ。

その本番の日が近づくと、私は『スルース』の台詞もやりながら箸休めのつもりで「乳首ドリル」の吉田君のパートを覚えた。私が隠れてDVDを見ていると、「徳馬さん、何見てるんですか？」と皆から怪訝そうに言われたが「秘密」と言って明かさなかった。

『笑ってはいけない』の本番の日、「秘密」をやりに行くからと稽古を前倒しして、朝からやってもらい、昼に上がってロケ現場に行った。

マネージャーに強力ドリンクを買いに行ってもらい、二本飲んだ。何しろ自分一人で覚えただけで、あれ以来すっちー君とは会ってもいないし、もちろん一度も合わせていない。本番前、彼が少しだけ打ち合わせ場所に来て、

「西岡さん、覚えていただきました？　すみません。この棒で叩くんですが、結構痛いですけど、どれくらいの強さで叩きましょうか？」と聞いてきた。私は「一発勝負だ。思い切りやってくれ」と頼んだ。プロデューサーに「それで、どこまでやるの？」と尋ねると、プロデューサーは、

「行けるところまで行って下さい」と言う。私はどこまで行けるかは自分でも定かではなかった。何しろ一度も合わせてないんだから。

「えーいっ、ままよー」と覚醒して思いっ切りやった。

何だか、つかこうへいの舞台をやっているようなノリだった。

結果、大受けだった!

年が明けてから街に出ると私の顔を見たみんなが「乳首ドリル」「乳首ドリル」と指をさすようになった。新幹線に乗っても「乳首ドリル」「乳首ドリル」で、あの番組の認知度は大変なものだなぁと感心した。

私はもう「ドリル西岡」に名前を変えようかと思ったくらいだ。

後でビデオを見て、あの大変な芝居の稽古の最中、よくやったものだと、今になって思えば自分を褒めてやってもいいかも知れない。

なんでもやる西岡徳馬

西岡徳馬は自分が面白そうだなぁと思った企画はどんなことでもやるみたい……。

そんな噂が業界に広まったのか、二〇一九年には、またとてつもなく面白い企画が舞い込んだ。荒川静香さん、高橋大輔さんというアイススケートのオリンピック選手たちが氷上で芝居をする『氷艶2019――月光かりの如く――』というプロジェクトに参加しないかということだった。

宮本亜門演出で、スケートリンク上で『源氏物語』をやるという。私には高橋大輔さん演じる光源氏の父親である帝の役をやって欲しいという依頼が来た。通常ならば氷の上ということで躊躇することもあるだろうが、私は、こんな名誉な事はないと即決して受けた。何しろ氷の上でスケート靴を履くなんて、五十年、いや六十年ぶり位だ。年寄りの冷水と指さされながら、第一回目のアイススケートの練習に行った。

そして、練習中に衝撃を受けた場面がある。荒川静香さんがお一人で音楽に乗って練習していたので、近くで見ているとスケート靴で氷の上を滑るときにはものすごい音がすることに気がついた。それにも興奮し感動したが、もっと驚いたのはその後だ。荒川さんが少し休んで、また一人でリンクへ出てきたが、今度は何か荷物を持っている。そしてその荷物を高々と頭上に掲げたり、氷にギリギリまで近づけて滑ったりしている。何を持っているのかなあと思って、目を凝らしてみると、なんと荷物と思っていたものが動いているではないか。だんだん近づいてくる。よく見たらなんと赤ちゃんだった。これほどびっくりした事はない。荒川さんの我が子、それもおそらく二歳位だったと思う。その子がまたキャキャキャキャキャと喜んでいるのだ。後で荒川さんに聞くと今から体感で覚えさせておくのだと言う。やはり頂点を極める人はちょっと、いやだいぶ違うのだと痛感した。

横浜アリーナでやった公演は大絶賛で、私もカーテンコールで、あの大きなスケートリンクで思いっきり滑り、四周はしただろうか。たいした体験だった。評判が良かったので、二〇二一年にもう一度『ＬＵＸＥ』という作品をやった。スケートの技術は結構楽しめる域まで達したが、初日のカーテンコールで王様役の重い衣装をつけたまま、一人でちょっと調子に乗って滑ったら。定位置で思いっきりもんどり打って転がった。しかし、これも演出とばかりにっこり笑って挨拶する位、図々しくなっていたのは言うまでもない。

芸歴五十年の挑戦

二〇二〇年、私は芸歴五十年を迎えた。

スタッフ・アップでずっと一緒にやってきた宇野隆史が独立することになり、一緒に動いて彼の新事務所であるアンシャンテに移籍することになった。

一九七〇年に文学座に入ってから半世紀が経ち、何か記念になるものを作りたいと考えていた時に、

「徳馬さん、記念だから映画でも作ったらどうですか？　私が資金を提供しましょう」

という人が現れた。嬉しい限りだ。もし可能ならば、私は、一九七〇年に亡くなり没後五十年になる三島由紀夫さんの作品を演じたかった。何がふさわしいか思案して『禁色』ならば出来ると考えた。主人公の老作家は海でアポロンのような青年を見つけ、その青年を使って自分を袖にした女性たちに復讐する。それが叶った時、彼は死んでいくという内容だ。

「人の命、これは一体誰のものか」

これを問う話にしてみたかった。

事務所と相談して、監督、プロデューサー、脚本家を選び、原作権も押さえ、台本

も作ったところ、折しもあのコロナ騒動が始まった。撮影に入れないのと同時に資金も滞ってしまった。中断するしか手はない。

残念無念である。

せめて何かと思っていると今度は歌を出したらどうかと友人から勧められた。酔ってカラオケで時々歌うこともあるが、決して上手くはない。ミュージカルにも出演したことはあるが、自己採点するとギリギリ合格という程度だと思っているので、二の足を踏んだが、どうしてもやれという。

よし、じゃあ「五十年の遊び」のつもりでと乗った。

友人の作曲家・鈴木キサブローさんにお願いして二曲作ってもらった。

作詞は既存の作詞家ではなく、友人の劇作家で演出家の福原充則君にお願いし、還暦を過ぎた男たちが歌う哀愁を込めた応援歌『だろ?』、もう一つはやはり劇作家で演出家のG2と私の共作で作詞し、娘の結婚式に歌うお父さんの歌『娘に乾杯』が完成し、徳間ジャパンコミュニケーションズからCDデビューを果たした。

が、照れくさい限りだ!

因みに『娘に乾杯』は優妃の結婚式で初めて人前で歌った。

初の海外作品『グリーングラス』

二〇一七年、史上初の日本とチリの合作映画『グリーングラス』の撮影に参加した。本作品は、ブラジル映画祭で撮影賞を受賞し、それを機に日本でも公開されることとなった。父親に頼れなかった男と息子を愛せなかった男の二つの物語。

東日本大震災で亡くなった青年が幻想のチリを彷徨《さまよ》う姿と、息子を失った父親の複雑な心情を独特の映像美でつづったヒューマンドラマだ。

この作品で初めて外国人監督と仕事をした。若く、自分のやりたいことを明確に持った男で結構頑固だったが、丁寧に話すと思いのほか意思が通じ合えることが解《わか》り、楽しい撮影だった。

チリには二〇一四年に『世界の村で発見！　こんなところに日本人』という旅番組で、チロエという街へ一度だけ行ったことがある。

辿り着くまで三十六時間くらいかかった。

私とカメラマンとプロデューサー数人で、名前も知らない日本人を探すのだ。英語も通じないところは得意の身振り手振りで（笑）。

とにかく外国人とのコミニュケーションでは「粘り」が肝心だ。

がんばれ日本の外交！

ハリウッドの大作時代劇『SHOGUN　将軍』

二〇二二年、ウォルト・ディズニー・カンパニーの傘下であるアメリカの有料テレビチャンネルFXがプロデューサー兼主演に真田広之を招いて撮影した時代劇『SHOGUN　将軍』に出演した。

原作はジェームズ・クラベルが一九七五年に書いた歴史小説で、一九八〇年にリチャード・チェンバレン主演で放送され、アメリカのテレビドラマ史上最高の三十六・九%という視聴率を誇った作品だ。日本でも一九八〇年にテレビ放映された。三船敏郎さんや島田陽子さん、フランキー堺さんらが出演しており、私も興味深く観ていた。

今回のドラマは、そのリメイクということになる。キャストは四分の三が日本人俳優だ。日本人の役は日本人の俳優がやるという、当たり前のことを真田広之が出演条件に入れて、それが受け入れられ徹底された。さらに台詞も日本語が中心だったにもかかわらず、世界同時配信され、開始から六日間で実に九〇〇〇万回も再生されることになった。これはネット配信されたドラマシリーズの世界新記録になった。日本では二〇二四年二月からディズニープラスで配信されている。

真田が演じた主人公は関ヶ原の戦い前夜の徳川家康をモデルにした吉井虎永《よしいとらなが》、私はその腹心の家老・戸田広松を演じた。

撮影はカナダのバンクーバーで行われ、私は二〇二一年八月二十三日から八ヶ月間もバンクーバーで過ごすことになった。もちろん単身赴任だ。コロナ渦の中、撮影は大変だった。

この大作に出演した経緯や裏話を紹介しておこう。

今回のドラマ『SHOGUN　将軍』で、広松役のオファーが来たのは二〇二一年の二月頃だった。といっても、最初から私に決まっていたのではない。何人か候補がいて、「まずはオーディションに参加してくれ」という話だった。ハリウッド映画に出たことがない私は、アメリカ人から見れば無名の俳優に過ぎない。オーディションは当然だろう。ましてや、著名な俳優でさえオーディションで役を勝ち取っていくのがハリウッドの基本だ。

ハリウッドか。チリとの合作はあったが、「ハリウッド」というと、またちょっと響きが違う。自分がまだやった事のない領域は、もうここしかないなと思った。それにカナダのバンクーバーで撮影という。バンクーバーには二〇〇一年にフジテレビの二時間ドラマ『スチュワーデス刑事』の撮影で、北部のウィスラーに行ったことがあるし、二〇一一年には旅番組で再び訪れ、素晴らしく綺麗で、とても良い所という印象が強くあった。行くとすれば二〇二一年か。ぴったり十年毎の三回目だな。よし行こう！　と自分の中で決めたが、まだまだこれからオーデションを受ける身だった。

二月、送られて来た台本のシーンを覚え、スマホで撮ってそれをアメリカに送ってもらった。が、しばらく連絡もなく、他の仕事にかまけて忘れかけていた。ふと思い出して、

「そういえば、あのハリウッドの話どうなった？」

と事務所に聞くと、交渉先の電通からすぐに連絡が入って、

「実は最終候補に残っています。ついてはもう一度台本を送るので、それを動画で送

って欲しい。ただし、今度は虎永と広松の関係をあの名作映画『明日に向って撃て!』のポール・ニューマンとロバート・レッドフォードが演じたように、相手が何を思っているか言葉を交わさなくとも分かる親密な関係で、しかもそれをソフトに演じて見せてくれ」という注文付きだ。

「ところでこの虎永の役はどなたがやるんですか? もう教えてくれてもいいでしょう?」

「真田広之さんです」と聞いて、真田広之!? それならば是非やりたい!! と思い、私はすぐに娘婿が持っている稽古用の刀を借り、相手方をやってもらって、「出来るだけソフトに」を心掛け演じて、送ってもらった。

するとなんと二日後、「決まりました」と返事が来た。もう既に五月になっていた。

「よし、行くぞ」と燃えた。

私にはある思いがあった。ハリウッドが作る日本が舞台になっている映画には、間違いが多すぎる。装置にしても、衣装にしてもそうだ。第一、まともな日本語も話せない俳優が日本人役をやっている。あれはどういうことなのか。何故、誰も何も言わないのか。或《ある》いは間違いと思っていないか、知らないかだ。観ていて何とも歯痒かった。

しかも、今回は江戸時代になる前の戦国時代の話、迂闊にやったら酷いことになるぞと思い、ヒロに連絡したいと思ったが、連絡先は教えられないと言われ、まぁ向こうで会ってからでも良い、ヒロなら必ず分かってくれると信じていた。

私は兎にも角にも、本当の日本の武士道精神というものを世界に伝えるのだという気持ちが日に日に高まっていった。

ヒロこと、真田広之君と初めて一緒に仕事をしたのは、滝田洋二郎監督の『病院へ行こう』という映画だった。ヒロは主人公の新谷の役で、私は彼を診察する内科医役だった。一九九〇年の映画だから、彼が三十歳くらいの頃だ。

新谷が胃カメラを飲むシーンでは、本当に私が彼の口を開け胃カメラを入れ、モニターには彼の胃の中が映った。またその撮影時間が長かった。口のアップからモニターに映る胃の中。カメラの位置を変えて何度も撮ったから、ゆうに四十分以上かかった。その間、可哀想に胃カメラを入れっぱなしだった。目からは涙が出ていて、いかにも苦しそうだったが、不平ひとつ言わない姿に、コイツは根性あるなぁと思ったのが初めて共演したときだった。

そして、一九九一年、ＮＨＫ大河ドラマ『太平記』では、足利尊氏を演じる彼に対して、私は敵対する長崎高資の役で激しくやりあった。父親役のフランキー堺さん演じる長崎円喜と共に憎まれ役だった。

その年の秋、私はフジテレビのバラエティ番組でゲームをやって好成績を収め、賞品として家族でのタヒチ旅行をプレゼントされた。バブルの時代ならではの出来事だ。当時は二時間ドラマでも海外ロケが珍しくなかった。

タヒチに着いて間もなく、ホテルのコンシェルジュから、

「日本人の男性が面会したいと言っている」

と連絡が来た。誰だろうと思ったら、それがヒロだった。彼も家族でタヒチに遊びに来ていたのだ。その後も、いくつかの仕事で一緒になったが、彼がハリウッドに進出してから、もう二十年近くも会っていなかった。

渡航当日、ひとりで海外便に乗るのは初めてかもしれない、そんなことを思っていると、

「西岡さん、今度ご一緒する金井と申します。宜しくお願いします」

と真面目そうな青年が声をかけてくれた。樫木《かしぎ》央海《おうみ》役の金井浩人君だった。

宿泊先は町の中心に位置するコンドミニアムで炊事、洗濯が出来る。ここでこれか

ら八ヶ月かと複雑な思いで荷物をほどいた。九階だから眺めは良い。

八月末のバンクーバーは実に美しく、過ごしやすい気候だ。

一週間経って、日本から来た若手俳優たちと親睦を兼ねてピクニックをやろうと、宿泊先のコンドミニアムから近いヨットハーバー横の公園に集合した。もちろんヒロにも声をかけて。みんなでワイワイやっていると少し遅れて、遠くから手を振りながら彼はやってきた。久しぶりに再会したヒロは、私が真田広之演じる主人公・吉井虎永の無二の親友である家老の戸田広松役に決まったことを自分の事のように喜んでくれた。

持ってきたワインを飲みながら、

「俺は今回、日本の武士道精神を世界に知らしめたくてこのドラマに参加した。『真田広之と西岡德馬が付いていながら、何だ？　この作品は』と思われないモノを作ろう」

と話すと、ヒロは、

「まったく同感です德馬さん。一緒に日本の武士道精神が生きた、ちゃんとした時代劇作品を作りましょう」

と言ってくれた。嬉しかった。

しかし、通訳をやってくれている上戸恵美さんによると、撮影が始まるのは三週間後というではないか。

「えっ、えー？」

と聞き返すと、それまでは立ち回りの稽古と、馬の稽古をしてくれと言われた。馬は乗ってもいいが、立ち回りは出来るから稽古は勘弁してと伝えてもらった。

それからは空いている時間で近所を散策した。所作指導で入っているこばやしあきこさんから日本人の方を紹介してもらいゴルフにも行けた。八ヶ月間滞在したおかげで、紹介が紹介を生んで、バンクーバーで知らない日本人はいない位の交流ができた。今やバンクーバーは私の第二の故郷化している。お世話になった方々に心より感謝申し上げる。

さて、初めて行ったスタジオでとにかく驚いたのはスケールの大きさだ。メチャクチャでかい。「MAMMOTH STUDIOS（マンモススタジオ）」というその名の通りの大きさで、長いこと俳優をやっている私も、あんなに大きなスタジオは見た事がない。なにしろ、優に渋谷のＮＨＫ全体の三倍はある。中に入って見学させてもらうと、もう大坂城の大広間のセットが出来上がりかけていた。立派な床の間から見える石庭も、実物大の船もある。しかもこの大きな船は台座に据え付けられており、モーターで揺れ動くのだ。どれもこれも研究し尽くしたかのように良く出来ている。お金の掛け方が桁外れだと思った。外の庭ではバックグラウンド（エキストラ）として現地採用された日本人、日系人の若い男性達が、チームに分かれて殺陣の基礎隊列を組んだ行進の練習をしている。

私は持参した着物に着替えてリハーサルをやった。それから衣装合わせにも行った。部屋に入りきれない何百という衣装、鎧、武具が廊下にもあふれている。しばらくは案内人がいないと迷子になりそうだった。衣装は江戸時代以前だからとても難しいが、衣装デザイナーのカルロス・ロザリオさんは優秀で、丁寧によく調べてあった。しかし着物の着付けが上手く出来ないので、後から京都東映衣装部の古賀ちゃんを呼んでいるという。

次にカツラ合わせに行ったが、これはさすがに日本から、きちんとカツラ屋さんが来ていた。前に仕事をしたことのある高崎ミッちゃんが来てくれていたので、安心した。武士の頭の部分の剃り込みは、普通日本では羽二重を被るが、金井君はホントに髪を剃った。彼の覚悟のほどが知れる。私は後日、顔の型を取りそこからシリコンで作るというハリウッド方式だ。所作指導ではこばやしあきこさんのほか、帆之亟《はんのじょう》も来るという。そしてスーパーバイザーとして松竹芸能のベテラン監督の原田徹さんがいる。ほぼ完ぺきな布陣だ。流石に真田広之、やってくれるわいと喜んだ。

カメラテストを何回かして、いよいよロケが始まった。

私の出番初日、午前三時に宿泊先のコンドミニアムに迎えの車が来てロケ先に向かった。土砂降りの雨だった。こりゃだめだ。「今日は当然キャンセルだな」と思い、出迎えたスタッフにそう言うと、

「なんでキャンセル？」と聞き返された。

「だって、こんなに雨が降っていたら撮れないでしょ？」

というと、

「NO、NO、雨なんて関係ない」

というのだ。日本では考えられない。聞いてみると、撮影中に雨が降っていてもやる。後から観てひどく気になればCGで消すから、問題ないという返事だ。どうりで届いた予定表に日本なら当然書いてあるはずの、雨予定がなかった。これはいつもそ

うだという。驚きだった。

いざ撮影が始まると、これがまた沢山撮る。色々とアレンジしながら同じ場面を何度も、何度も撮る。監督の、

「OK. Good! ...... One more!」

「OK. Amazing! ...... One more!」

「OK. Lovely! ...... But, one more!」

の繰り返しだ。何なんだよ、グッドじゃないの？　アメイジングじゃないの？　本番で、

「Rollimg（ローリング）!」と言ってカメラを回し始めると、もうずうっと回っている。誰かが台詞を間違えても、そこでカットがかからない。日本のように、間違えたり、良くないと思ったら監督が「カット」と止めることはしない。ダメなら俳優自身が「ソーリー」と言って、もう一度、間違えたところからやり直す。その間、カメラは回りっぱなし。台詞を忘れたら思い出すまで待つ。それでもダメなら、プロンプターを見て台詞を言う、そして続けるのだ。

全十話で、途中監督は何人か変わったが、やり方はほぼ同じ。とある監督は座る位

置だけ決めると「Rollimg」。「Oh, why?」と聞くと、

「もしかしたら凄くいいのが撮れるかも知れないから」

と言った。その意見に、つか芝居で即興に慣れている私は賛成できた。しかしそれでも何回も撮る。洞口依子《どうぐちよりこ》さんはヒロから、

「テストからあまり気を入れすぎて飛ばさないほうがいいよ」とサジェスチョンを貰い、「あの言葉で救われました」と感謝していた。

流石、ハリウッドベテラン俳優、ブラヴォー！

まさに異文化の連続だった。ドラマや映画の撮影はさんざんしてきたが、日本のやり方とはまったく違うところが沢山あり、最初はかなり戸惑った。だが、慣れればこの方がやり易いこともあるなぁとも思った。しかし、金銭的、時間的に余裕がないと難しいところだ。貴重な経験と勉強になった。

撮影以外では、当時はカナダもコロナ禍の真最中だったから、本番に入る寸前まで常にフェイスガードをしなくてはならなかった。ＰＣＲ検査も毎週、月曜、水曜、金曜日三回ずつ受けさせられた。

私はオフの日は向こうで紹介してもらった日本人とゴルフに興じられたが、ヒロは

自分の撮影がない時でも、私服でマスクをダブルで掛け、目にはゴーグルをして完全防備で演出家の横に座り、主だった演技者たちは勿論、周りのバックグラウンドの人たちにまで、何か間違いがないか目を凝らしている。

全編それだったから全く頭が下がる思いだった。

ネタバレになってしまうが、広松は第八話で虎永の目の前で切腹して果てる。

この広松のクライマックスシーンは、私の意見で少々ストーリーを変えてもらった。最初に貰った台本には「重大会議の後、虎永の意に反した五人の重臣が次々に切腹し、広間は血の海になる」とあったが、私は疑問に思った。この状況で家臣たちがいっせいに切腹したら、それではただの集団自決になってしまう。パニックは美しくない。何より武士道に反するからだ。

製作総指揮のジャスティン・マークスとヒロに私の考えを話す機会が欲しい、忙しい二人だがどうしても伝えたいことがある、と宮川プロデューサーに相談し、撮影ひと月前に貴重な会談が持てた。

英語が下手な私だが、言わなければならないことを英文でメモして、それを見ながらジャスティンに訴えた。

切腹は儀式だ、忠義、誇りだ。

広松が虎永に最大限の礼を尽くし、

「あなたに人生を捧げてきて、私は幸せだった」

という意味で腹を切り、尚且《なおか》つ、その行為をもって敵方に虎永軍は完全に崩壊したと信じ込ませなくてはならない。この場にもスパイが紛れ込んでいるかもしれない、ここは二人だけにしか解らない、暗黙の大芝居だ。

「広松が一人で腹を切って死ぬことに意味がある」ことを長々と述べた。

ジャスティンは私の顔を鋭い目でじっと見つめていた。そして長い沈黙の後「OK」と低い声で言った。

私がこの「将軍」に参加した意義が成立した瞬間であった。

横にいてすべてを聞き、時折助言をしてくれていたヒロと、正に虎永と広松の様に頷きあった。――嬉しかった。

「よし今だ」と、もう一つ最後の願いを言った。

切腹する直前、

「今生《こんじょう》のお別れにございまする」と言わせてほしいと言うと、それはどういう意味か

と尋ねるジャスティンに、

「この世ではお別れですが、あの世で待っています。そしてあなたを見守っています」

という広松の思いだと説明すると、ジャスティンはそれにも頷いてくれた。

至福の時だった。あとはこれを誠実に、心を込めて演じるだけだ。

一ヶ月後の四月十三日早朝、トレーラーから降りてきたヒロと目が合うと「徳馬さん、とうとうこの日が来てしまいましたね」と言った。

吉井虎永と真田広之、二人の人物が混ざった挨拶だった。

この八ヶ月間、殿を支える家老役と、プライベートでも若手俳優の中に入って爺さんの役を演じてきた私は「そうだなぁ」としか言えなかった。

「今生のお別れにございまする」

この台詞を言い終わると、真田広之、いや虎永の目に涙が……。

気が付くとみんな泣いていた。

撮影前ヒロと誓った、ちゃんとした時代劇。そして「日本の武士道・葉隠」の一片でも、世界に知らしめる演技が出来たかと思っている。

本音をチラリと言わせてもらえれば、まずは日本人に、その矜持をもう一度思い返して欲しいと願っている。

米・エミー賞授賞式

二〇二四年九月十五日開催の第七十六回プライムタイム・エミー賞で『SHOGUN 将軍』が二十五部門にノミネートされた。エミー賞とは一年に一度、アメリカのテレビ業界の功績を称える、いわゆるテレビ版アカデミー賞だ。

そして、九月七日と八日、メインの授賞式に先立ち開催された、撮影賞、編集賞など制作・技術に携わった人々に贈られるクリエイティブ・アーツ・エミー賞において、何と十四部門で受賞したのだ。この中の六つの賞では七人の日本人が受賞者として名を連ねていた。新記録だそうだ。

そして、私にもメインのプライムタイム・エミー賞授賞式の招待状が来た。

九月十三日、ワクワクした気持ちを抑えつつ、一路、ロサンゼルス行きの飛行機に乗った。機内には洞口依子、宮本裕子、竹嶋康成、金井浩人の各君もいた。何故か機内では一睡も出来なかったので、ビバリーヒルズのホテルに着くと急に睡魔に襲われ、ベッドに倒れ込んだ。次の日は前夜祭のヴァニティフェアパーティーがある。賞にノミネートされた人たちが着飾って集う、華やかなパーティーだ。

当日の夕方、ロビーに行くと平岳大がいて「おかんが来てるんです」と言う。おかんとは平君のお母様の佐久間良子さんの事だ。じゃあ挨拶に行かなければ、と佐久間さんがお茶を飲んでいるというバルコニーへ向かった。

佐久間さんとはテレビドラマ、そして舞台でも相手役でご一緒したことがあるし、岳大の御父上、平幹二朗さんは前述したように、蜷川幸雄さん演出の舞台『王女メディア』で、また、そのほか色々な稽古場でもご一緒した大好きな先輩だ。『SHOGUN 将軍』の撮影中、如何《いか》に岳大がお父さんの平さんとそぶりが似ていたかを話すと、佐久間さんは「そう?」と笑っておられたので「いや、もちろん佐久間さんにもです」と取って付けたように加えた。もちろん本当のことです。

その後、浅野忠信、穂志《ほし》もえか、向里《こうり》祐香《ゆうか》、トミー・バストウの各君と、再会を喜びつつ、会場のホテルに向かった。会場内のいわゆるレッドカーペットで取材も受けた。観たことのある女優さんが居て一緒に写真を撮ってもらおうかと思ったが、私本来のシャイな性格(?)からそれを言えなかった。トニー・カーティスとジャネット・リーの娘で、二〇二三年のオスカー受賞者でもある、ジェイミー・リー・カーティスだったのに！　と思っているところに、わぁーダイアン・レインだ……。折角だ。今度こそ！　と、彼女が誰かと話をしている間、隙を縫って「エックスキューズ・ミー」と言ってみた。やれば出来るじゃん。彼女は想像以上に気さくな優しい人だった。私が『SHOGUN　将軍』に出ている俳優と知ると、しばらく行っていないが日本が大好きと言って、一緒に写真を撮ってくれた。私はさらに彼女のファンになった。

一時間くらいたった頃、ようやく他のパーティーから駆け付けたヒロと二年ぶりに再会する事が出来た。そして、ノミネートを喜び合ったのも束の間、彼はすぐにまた違うパーティーに駆り出されて行ってしまった。流石、一番人気のプロデューサー兼主演俳優は引っ張りだこだ。

外の広いバルコニーに出ると、満月に近い月が見事に輝いていた。明日のエミー賞が輝くものになるとの予感がしたのは言うまでもない。ホテルに戻るとみんな飲み足りないらしく、ラストオーダーまでワインで歓談し眠りについた。今日はよく眠れるかと思いつつ。

翌日、午後一時ロビー集合。さぁいよいよと、皆ちょっと高揚感を漂わせながら、会場のピーコックシアターに向かった。

前もって申請した入場許可証を何度も提示しなければならない厳重な警戒の中、会場に入るとニュースなどでよく見る放送局のブースがあるレッドカーペットの風景が広がっていた。我々もある局に二人一組になって取材を受けた。『SHOGUN 将軍』の撮影中のエピソード等々、通訳さんにも手伝ってもらい、結構面白おかしく話せたと思う。刀で首を落とす方法を教えてもらえるか？ なんていう質問にも「Yes. Of course」と答えてやった（笑）。

一人一人エミー賞の看板をバックに写真撮影をした後、いよいよ本会場に入った。ピーコックシアターは恐ろしくデカい劇場だ。『将軍』チームは舞台から見て左寄りの、割と前の方の席だった。センターの一番前にはメリル・ストリープ、ジョディ・フォスター、ゲイリー・オールドマンなど大御所の受賞候補者がずらりと位置している。この顔ぶれを見ると、受賞の呼び声高い我がチームもいささか気が引けた。ましてや私など個人のノミネート者ではなかったし、殆《ほとん》どオーディエンス感覚になっていた。

今日のエミー賞では七部門中六ノミネートもあった。作品賞、主演男優賞、主演女優賞の発表まで二時間半はあったろうか。ノミネートされている人の心中や如何にと思った。前半、遂に助演男優賞の発表になった。我が『将軍』チームからは平岳大、浅野忠信がノミネートされている。さあどうだと固唾を呑んだ。結果は……二人とも受賞には至らなかった。残念ながら厳しい判定だった。そして、これは残酷なセレモニーだなぁとも思った。しかしノミネートされただけでも立派！　両君には心から大きな拍手を送る。

さあいよいよ主演男優賞だ。六名の候補者にドラムロールが鳴るがごとく読み上げられたその名は、「ヒロユキ・サナダ」。私は立ち上がり大声で叫んでしまった。「やったぁー!!!」と、なんだか自分が選ばれたようだった。あの苦難の撮影中のヒロの姿を天はしっかりと見ていた。涙がじわぁとこぼれた。

続いて主演女優賞は……「アンナ・サワイ!」。またまた私は思わず立ち上がり、大声で「やったぁー!!」だ。泣けた。

私自身、アンナと初めて会ってから彼女のプライベートの過ごし方、そしてその仕事ぶりを見ていて、まず受賞は間違いないだろうと密かに思っていた。着物を着た立ち居振る舞いの稽古、乗馬の練習、薙刀・殺陣の稽古、そして英語のみならず日本語の台詞の稽古、やることがいっぱいの八ヶ月であっただろう。その苦労が分かっていたから、私はあえて息抜きにゴルフの打ちっぱなしに連れて行ったり、他のみんなを誘って食事に行ったりして気を紛らわしたつもりだった。ある時、私がアンナに「日本語と英語の台詞両方覚えて、特に英語は大変だろう？」と聞くと「いや英語は大変じゃないです。大変なのは日本語です」と答えた。えーっと思ったが、考えてみれば今度の『SHOGUN 将軍』の台詞は、今の日本人が使っているような現代口調ではない。若いアンナからすれば、初めて口にするような言葉ばかりだ。しかし彼女は現場でほとんど間違いもなく、見事にそれらをこなした。私は何処《どこ》へ行っても明るく聡明な彼女を褒めちぎっていた。おめでとうアンナ！

さてさて最後の作品賞だ。もうこれは間違いだろうと踏んでいたが、何が起こるかは神のみぞ知るだ。

果たして……会場中が息を呑む……。

「SHOGUN！」のアナウンスに、最大級の大声で三つ目の、

「やったぁぁぁぁぁー！」

私は舞台に上がり、「日本のために凄いことをしたぞ」とヒロの耳元で囁き、ヒロの体を強く強く抱きしめた。

THANK THE GODS FOR CHOOSING US.
我々を選んでくれた神々に感謝する。

五十年ぶりの受賞

二〇二三年冬、中国人の張曜元さんという東京藝術大学大学院生でもある若い監督が短編映画を撮るので、それに出ないかと誘われた。

物語は中国残留孤児二世の話だ。何でも短編映画祭に出品するので、正味三十分位までに収めなくてはならないらしい。が、コレもちょぃと面白そうだなぁと話に乗ることにした。十二月末、クリスマスで賑わう東京で二日間の本読みの後、氷点下十数

℃の北海道滝川市で撮影した。彼のこだわりで、ワンシーンワンカットの手持ちカメラで行なったので、テストを何度も繰り返した。そして、張君が書いた脚本だから、少し日本語が翻訳調になっているところは自分流の言い方でもいいです、と言ってくれたので、少しずつ台詞を調整して演じた。自分が手直しして喋るのだから、喋りにくいなどの文句は言えない。

三日間だけの撮影だったが、朝早くから夜遅くまで映画作り。でも、コレが結構楽しかった。その短編映画『相談　Life is Snow』が、ハリウッドのエミー賞受賞式から戻って一週間も経たないうちに、二〇二四年九月の中国平遥《ピンヤオ》国際映画祭と寧波《ニンポー》国際映画祭の短編部門、そして十月には重慶青年映画祭の短編部門で作品賞、そして私自身も主演男優賞の栄誉に浴したのだ。

五十年前に文学座の座内の賞を頂いて以来、全く縁のなかった賞をこの歳になって頂くとは、皆々様に感謝する以外ないと感じている。

第三部

もっと上手くなれねえものか

ドラマスクールを設立

時は戻って二〇一二年、広く一般の方を対象に「演技」を教えるドラマスクールを開いた。レッスンは水曜日の夜と土・日から選んでもらう形式だ。当初はラテン語で「北斗七星」を意味する「セプテントリオン」という名前だったが、後に「レッドホースヒルズ」に変えた。

場所は、高校時代の親友・中西が経営していた富ヶ谷の日本語学校の一室を借りた。中西亡き後、彼の息子の郁太郎が引き継ぎ、現在は富ヶ谷を離れ、経営で学校を運営している。我々のドラマスクールは途中で参宮橋に移転しながら、二〇一九年まで七年間ほど続けることになった。

蜷川幸雄さんからも、よく稽古中に「お前、あの若いのにちょっと教えてやってくれよ」と頼まれていたように、昔から私は後輩の俳優に演技を教える機会が多かった。

特に多かったのが旧・ジャニーズ事務所の若者たちとの共演だ。森田剛君との『IZO』を始め、安田章大君との『カゴツルベ』と『俺節』、東山紀之君との『さらば、

わが愛　覇王別姫』と『ジャンヌ・ダルク』、八乙女光君との『殺風景』、ふぉ〜ゆ〜と共演した『REPAIR（リペア）』、丸山隆平君との『パラダイス』、長野博君、高木雄也君との『クイーン・エリザベス』、そしてプライベートのゴルフ友達でもある近藤真彦君、内博貴君、田口淳之介君らとの共演や遊びも多かった。

日頃から鍛錬を積んでいる彼らは吸収も早く素直だったので、私が何かアドバイスするとどんどん良くなっていった。

普段、私が何か言ったところで、他人の人生や性格はなかなか変えられるものではないが、演技のやり方や台詞の言い方に限っては、目の前でどんどん変わっていく。その変わっていく様子を見るのが楽しく、やり甲斐も感じた。もっと多くの俳優志望者や演技に興味のある人にも、芝居というものを楽しんでいただけるようなドラマスクールがあったら、面白いんじゃないかと思い、立ち上げることにしたというわけだ。

立ち上げに際して、安住紳一郎さんが司会を務めていたTBSの『ぴったんこカン・カン』という番組で「演技のワークショップ」をやってみせ、募集をかけた。文学座の後輩だった田山涼成とドラマで一緒だった機会に事情を話して、番組内で手伝ってもらうと、なんと全部で八十人くらいの応募者が集まった。

しかし、一度に八十人を相手にするのは難しいので、二十人ずつ四組に分けて、土・日各二回の四日間でワークショップをやった。

娘の友人が書いた戯曲を私が手直しした台本を使って、三時間で実際に芝居をしてみるという内容だ。

やってみたら自分でも意外なほど面白かったし、人に教えることを通じて自分が学ぶことも多かった。

塾生は常時、大体三十人前後いた。劇団の養成所のような年齢制限はなく、下は中学生から上は七十代まで、文字通り老若男女、いろいろな人がいた。ちなみに最年長のお婆さんは日本舞踊の家元で、「これまでは体だけで表現していたから、言葉もつけた表現をしてみたい」と仰っていた。

学校の演劇部や劇団の養成所など、若い人間しかいない中でやる芝居はどうしても不自然なものになる。お婆さんの役も若者がやることになるので、いわゆる老けメイクをしてお年寄りを演じなくてはならない。しかし年齢制限などなければ、幅広い年代の人も参加できる。やはり、お婆さんの役はお婆さんがやる方が自然だろう。

一年制とか二年制といった期間は設けなかった。興味がなくなればいつやめてもいいし、逆に何年通い続けてもいい。いたってフリーな空間にしたわけだ。

中には毎週日曜日に、京都から通ってくる熱心な女の子もいた。彼女は女優にはならなかったが、後に東映の助監督になった。東映京都の仕事に行って再会したときは驚き、感動したものだ。

講師は私のほか、文学座時代の仲間である田村勝彦や坂部文昭。『殿さま風来坊隠れ旅』で共演した石井洋祐。彼はゴルフの教え方も上手だった。そして、プロデューサーで高校の同級生である森下和清に紹介してもらい、演出家でもあり、自身のスクールも経営している横澤丈二君といった方々に手伝ってもらっていた。途中、殺陣のクラスもあった方がいいだろうと、娘の紹介で殺陣やアクションを得意とする俳優の幸村吉也君にも来てもらった。メインはこれらの講師陣で、私は塾長、スペシャル講師として、主に徳馬塾という不定期開催の特別ワークショップを実施したり、普段のレッスンを見学し、アドバイスをするような形になった。

生徒は全員が俳優志望というわけではない。むしろ、本気で俳優を目指している人は少数派で、すでに仕事を持っている人やリタイアした人の方が多かった。例えば役職が上がって部下たちの前でスピーチをしなければいけない立場になったが、昔から人前で喋るのが苦手なのでそれを克服したい、といったビジネスマンもいた。

このドラマスクールは世の中がコロナ禍で混乱する直前に、私の多忙もあって閉鎖に至ったが、今から思えばカルチャー講座みたいなものだった。本格的な俳優養成スクールではなく、一般向けにしたのがむしろ良かったようにも思う。

プロの俳優を目指すわけでなくても、「演技」を学ぶことは人生に有用だろう。シェイクスピアの『ヴェニスの商人』の中にも、アントーニオのこんな台詞がある。

「この世はこの世、ただそれだけのもの。つまり舞台だ。誰も彼もそこでは一役演じなければならない」

アントーニオの言う通りだと思う。

人生は舞台だ。誰もがそこでは何らかの役を演じることを求められる。例えば、会社で部長になったとする。そこでスムーズに仕事をこなすためには「部長を演じる」ことも必要だろう。生まれた時から部長だったなんていう人はいないんだから。演じていくうちに、どんどん役と自分が一体化していくのだ。

そう、人生は舞台だ。

人生という舞台でどういう役を演じるのか、それはあなた次第だ。

最初はものまねで構わない。スクールまでやりながら、こんなことを書くのは矛盾しているようだが、私は基本的に演技というのは教わるものではないと思っている。

真似るは学ぶ

演技を勉強したいと思った人には、大抵の場合、モデルがいる。つまり、誰かが演技をしているのを見て、「自分でもやってみたい」「あの人みたいな演技をしたい」と考えるようになることが多い。

その人を目標にするのなら、その人の演技を「盗む」ことだ。もともと「学ぶ」は「真似ぶ」から来ている。

最初は物真似で構わない。真似しているうちに、だんだん自分のものになっていく。演技に限らず絵や音楽など芸術全般でよく言われるように、最初は模倣から始めればいいのだ。

人の真似ばかりしていては自分の個性が育たないのでは？　と心配する人もいるか

も知れないが、実際にそんなことはない。同じように演じても、演じる肉体が違う以上、絶対に同じものにはならない。そうやって、うまい人の真似をしていく中で、自分の個性も育っていく。

例えば文学座の後輩だった松田優作は、最初のうちはショーケン（萩原健一）の真似ばかりしていた。次に原田芳雄さんの芝居を真似するようになり、そんな中から誰にも似ていないオリジナルの松田優作を作り上げていった。

かくいう私も若い頃はいろいろな人の真似をしてみた。渥美清さんの間とか、杉浦直樹さんの洒落っ気の強いところとか、自分が見て「いいな」、「面白いな」と感じた演技はどんどん真似していった、というか盗んでいった。「だから俺なんか大泥棒だよ」と、ドラマスクールの生徒たちに言っていた。

一九七六年、蜷川幸雄さんの『リア王』をやった翌年に、私は文学座でウジェーヌ・イヨネスコ作の『マクベット』に出演している。『マクベス』をアダプテーション（改作）したフランスの不条理前衛演劇だ。

私はマッコールという役で、主演のマクベットは大先輩の北村和夫さんだった。その稽古を何日もやってから『ノートルダム・ド・パリ』の稽古に行ったとき、蜷川さんに「トクミ、北村和夫みたいな芝居するんじゃねぇよ」と言われたことがある。私が「それ、ほめてんの？　けなしてんの？」と言うと、蜷川さんは苦笑しながら「両方だよ」と答えた。自分では切り替えていたつもりだったが、間近で北村さんの演技を見ているうちに、知らず知らず芝居が似てしまったのだろう。

蜷川さんも北村さんのことは役者として尊敬していた。だが、このとき私の詩人グランゴワールに求めていたのは北村さんとはまた別の演技だった。それが「両方だよ」という言葉に表れていたのだと思う。

好きな俳優の真似をして芝居が移ってしまっても気にすることはない。それが血となり、肉となっていくのだ。

実際、文学座出身の女優は、小川真由美さんにしろ、太地喜和子さんにしろ、二宮さよ子さんにしろ、大なり小なり杉村春子さんに似ているところがある。杉村さんに憧れ、杉村さんの芝居が一番いいと思って育っているから、どうしても似てしまうのは仕方ない。

杉村春子さん自身もまた、「物真似」を奨励していた。杉村さんには田村秋子さんという先輩がいて、若い頃に「他人から田村秋子に似てきたね」と言われたとき嬉しかったと話していた。

私は杉村さん本人からそれを聞いて、お墨付きをもらったような気がした。やはり、真似をすることで学んでいくのだと。

ドラマスクールの生徒たちにも、好きな俳優を聞いて、その人になったつもりで演じさせたことがしばしばある。例えば松田優作が好きだったら、「松田優作ならどんな風に言うか想像して、それをマネして言ってごらん」という感じだ。具体的で分かりやすいサジェスチョンだと思うし、やる方も楽しんでくれた。それで芝居が下手になることはないからだ。しかし真似をする相手は、しっかりと選ぶべきだ。その選択があなたのセンスだから。

考えてみれば、尊敬する人の真似をするという方法論は、演技だけに限らず、広く一般の処世術としても使えるのではないだろうか。

ご存じの方も多いと思うが、高倉健さんは相手がどんなに若い俳優でも、決してぞんざいな態度を取らなかった。事実私のときがそうだった。丁寧に挨拶を交わし、初対面であれば必ず「さん」付け、敬語で話す。そういう行動はどんどん真似するべきだろう。

一般のビジネスマンの世界でも、「あそこの社長は絶対怒鳴らない」「どんなに若い社員にも敬語で話す」といったことで知られている人は少なくない。そういう人を見て、「いいな」「かっこいいな」と思ったら、積極的に真似すればいいのだ。

前にも触れたように、高倉健さんには「寡黙な男」のイメージがあるが、気の置けないメンバーだけでいるときは、とてもよく喋る人だった。今にして思うと、健さんは健さんで「礼儀正しく、寡黙な男」という世間一般の「高倉健」を演じていたのかも知れない。

もしあなたが今の自分を好きでないのなら「なりたい自分、かっこいい私」をイメージして、それを演じていけばいい。人生は舞台であり、演技で人生は変わるのだ。

あなたに見えていないものは観客にも見えていない

私が文学座に入った当初、北村和夫といえば雲の上の人だった。

一九二七年生まれの方だから、私より二十歳近く年上だ。それでも一九七〇年頃なら四十代前半で意外と若かったわけだが、さらに二十一歳上の杉村春子さんの相手役をやっていたこともあり、自分の父親より年上のようなイメージがあった。天下の名優であることはもちろん、人間的にもとてもいい人だ。

「トクミ、トクミ」と、とても可愛がってもらった。その北村さんに、私たち駆け出しの研究生が見ている前で、杉村さんがダメ出しをしたことがある。

一九七一年に上演された、北里柴三郎を主人公にした『怒濤』という芝居の稽古を研究生の前でしているときだ。北村さんは北里博士、杉村さんはその奥さん役だった。北村さんが「目の前には阿蘇の山々が見える」という台詞を言う場面で、杉村さんが「ちょっと待って！」と止めた。

「どこに阿蘇の山々が見えてるの？　見えてないじゃないの、あなたには」と言うのだ。

北村さんは咳払いをして気を取り直し、再び台詞を喋った。

「目の前には阿蘇の山々が見える」

「駄目、駄目！」

何回やっても違うとダメ出しされる。研究生たちが見ている前でやられるのだから、北村さんとしても屈辱だっただろう。やがて北村さんの顔に汗が光るようになり、杉村さんがおもむろに言った。

「あなたには阿蘇の山々が全然見えてない。あなたに見えてないものがお客さんに見えるはずがないのよ」

その言葉を聞いて玉川大学の岡田陽先生と同じだと思った。

「君はどう思ってこの台詞を言っているんだ？　思いが伝わってこなきゃ、しょうがないんだよ。お客さんは、心が動いているところを見たいんだ」

演技とは、気持ちから、心から出てくるものを表現することだ、と言われたことを思い出した。これは蜷川幸雄さんが口癖のように繰り返していた「もっと感じろよ！」にも通じることだろう。

北村さんの名誉のために補足をしておくが、この芝居の北村さんの北里柴三郎は実に良かった。あの杉村さんからのダメ出しで相当発奮したのだろう。ダメ出しを聞き流していなかった証拠だと思った。

黙読だけでは体に入らない

演技で一番大切なのは気持ちだが、技術的なことにも少しは触れておこう。

大学に入った頃、岡田先生に言われたのは「語尾をはっきり言う」ことだった。舞台で後ろのお客さんにも聞こえるような声を出そうとしても、最初の方はよく通っても、後尾が聞き取れなくなることが多い。「何とかでした」と聞こえるのと「何とかで……」と聞こえるのとでは、大きく意味が変わってくる。語尾までしっかり伝えなくてはいけない。

台詞の中では、どこを強調するのかも意識する必要がある。

例えば「私が何々したいんだ」と言うとき、強調すべきは「私」なのか、「何々」なのか。

「今日は雨が降る」という台詞なら、

「今日は」雨が降る

今日は「雨が」降る

今日は雨が「降る」

どこを強調するかでまったく意味が違ってくる。重要な部分がよりはっきりと伝わるように話すことだ。

この強調については文学座では北村さんが厳しく言っていたが、思い起こせば蜷川さんもうるさく言っていた。どなたも先輩たちから散々言われてきたのだろう。それが劇団の良さだ。最近の寄せ集めの芝居では、それを言って指導する人がほとんどいなくなっている。変に言っても却って煩《うるさ》がられるのも嫌なものだが、でも私は言うことにしている。

舞台で芝居をするのなら、声の大きさも重要だ。これは天性の部分もあるが、やはり気持ちが大切だ。

「拙者親方と申すは、お立会の中《うち》にご存知のお方もござりましょうが……」で有名な「外郎売《ういろう》」は、昔芸能学校に通っていたときにやらされていたが、私は早口言葉が苦手だ。先日観た藤原竜也の芝居『中村仲蔵』の劇中の外郎売は見事だった。外郎売で拍手が来るのは本物だ、感心した。

「アメンボ、アカイナ、アイウエオー」みたいな基礎的な発声訓練は、養成所ではするが、私自身は発声のみの練習をしたことがない。もちろんやった方が良いに決まっている。

杉村春子さんと共演した『ふるあめりかに袖はぬらさじ』という舞台で、杉村さんに向かって言う、

「亀遊っていう女は武士の娘だったたってな」

という台詞があったのだが、「武士」のブを言ったところで杉村さんの顔にバッと唾が飛んでしまった。

内心慌てたが、その場は何事もなかったかのように演技を続け、終わってから楽屋に謝りに行った。

杉村さんは笑って言ったものだ。

「破裂音では唾が飛ぶこともあるわ。唾が飛ぶっていうのは声が前に出てるって証拠だからいいことなのよ。芥川（比呂志）さんと『ハムレット』やったときなんて、もう顔がベチョベチョになっちゃったわよ」

そう。大女優の顔に唾が飛んでも構わない。大事なのは演技に集中することだ。最初は声が通らなくても、気持ちがあれば自然に出てくる。気持ちをこめて台詞を言う

ことが何より大切なのだ。

台詞を覚える方法

これまで、ファンの方や生徒さんに「台詞はどうやって覚えるのか?」と聞かれることが多かった。シェイクスピアなどは、言葉遣いが時代がかっている上に、やたらと長い台詞が多く、確かに覚えるのは大変だ。しかし前にも書いたように、私は昔から台詞を覚えるのが早くて、他人の台詞まで覚えてしまうタイプだった。

台詞の覚え方は人それぞれ、いろいろな方法があると思うが、一例として私のやり方を紹介しよう。

私の場合、舞台の台詞を覚えるのは車の中が多い。家の中ではほとんどやらない。なぜかというと、舞台の初日には必ず家内と娘たちが観に来るからだ。私がどんな台詞を言うのか事前に知っていては面白くないだろう。だから、基本的に家では一切台詞の練習はしないことにしている。

舞台の台詞を覚えるには声に出して読まなければダメなのだ。黙読では頭には入るが、その台詞に口が慣れていないと舞台でスムーズに出てこない。文章をしっかり暗記していても、いざ舞台で声を出すと、自分の声の大きさで頭に入っていた台詞が飛んでしまうこともある。つぶやく程度ではなく、舞台と同じような音量で読みながら覚えていくのが一番いい。頭だけではなく、体に台詞をたたきこんでいくわけだ。

そういう意味で、車の中は台詞を覚えるのにもってこいの環境なのだ。あまり人がいない場所まで行って声を出すか、部屋の窓を閉めておけば人に迷惑がかかることもないかも知れない。今の時代なら、カラオケボックスを使うのもいいだろう。

その時、自分が言った台詞をスマホやボイスレコーダーなどに録音しておくといい。後から聞いてみると、大抵の人は「何だ、こんなに下手くそだったのか?」とショックを受けるはずだ。ショックは受けた方がいい。台詞を喋っている自分はそこそこうまくできているように感じるのだが、後から聞いてみると、実はそうでないことがはっきり分かる。

では何がダメなのか? リズムがダメなのか。間がダメなのか。声の出し方がダメなのか。ここはもっと静かに言った方が効果的なのか。最初は静かに始めて、クレッシェンドでどんどん盛り上げていくのが良いのか。

どうすれば良くなるか。それをいろいろ考えるようになる。とても勉強になる。そして、それをやるのが役者の面白さでもあるのだ。

読むだけでなく、台詞を「書いて覚える」人も少なくない。写経のように、自分の台詞の部分だけをすべてメモなどに書き写していくのだ。それを常に持ち歩いて見ているうちに、漢字やカタカナなども含めた台詞の字面がビジュアルとして頭に入っていくという。

三木のり平さんと映画でご一緒したときのこと。のり平さんのカンニングペーパーは有名だったから私は驚かなかったが、カメラテストの前に、台詞を書いた小さな紙をあっちこっちに置くのだ。灰皿の横、電話の横、お茶碗の横。それを見ながら芝居をするのだが、文字が小さいのでよく見えない。多分のり平さんにも字は見えていないのではないかと思った。

そうか。これは安心のおまじないだと私は思った。実は覚えているのだが少々不安なので、この台詞のときはお茶碗の横にある台詞の方を見て喋る。この台詞のときは電話の横にある台詞、またこの台詞では灰皿の横の台詞。それぞれの場所に目を移すだけで決しているのではないのかもと。

いやもしかするときっかけになる一字でも見えればよいのか。いずれにしても真偽のほどはうかがったわけではないので定かではないが、こういう覚え方、そして安心の仕方もあるのかと私は感心した。

恥ずかしさを克服する

演劇というのは、見ようによってはとても恥ずかしいものだ。前にも書いたように、私自身も高校時代に練習している演劇部の生徒を笑い飛ばしたことがある。人前で、大仰で非日常的な「演技をする」ことを恥ずかしいと感じるのは、ごく当たり前の感情だろう。私も昔、俳優は精神的ストリッパーだと自嘲的に言ったことがあった。

演技をするとき、その羞恥心を無理に捨てようとする必要はない。

むしろ、人間は羞恥心を忘れてはいけないと思う。これは演技に限らず日常生活でもそうだ。最近の日本人は、羞恥心のないのが多すぎる……いかん話が逸れた。

逆に、やっている本人は恥ずかしくなくても、見ている側が恥ずかしくなる演技というものもある。自分に酔っていることが見る側に伝わってくるような演技だ。本人は気持ちいいかも知れないが、観ている方はムズムズしてしまう。

人前で演技をすることが恥ずかしいという気持ちは誰にだってある。その気持ちを消そうとするのではなく、素直に受け入れた上で忘れるのだ。

要は集中力だ。役に集中することで、マインドフルネスで言われる「ゾーン」に入ってしまえば恥ずかしいという気持ちは自然に消えていくはず。

恥ずかしいなんて考えているうちは、ゾーンに入っていないのだ。

ところがドラマスクールで教えていると、すぐにゾーンに入れる人もいる一方、いつまでも恥ずかしがってモゾモゾしている人もいた。

「集中してゾーンに入れ」と言われても、誰もが簡単に出来ることではないようだ。それが可能なのは体質によるものかも知れないし、もしかしたら演技をする上での才能によるものかも知れない。

そもそも演技とは、本来の自分とは別の人間に変身することだ。変身願望がなければ、「演技がしたい」とか「俳優になりたい」なんて思わないだろう。

しかし、願望があってスクールにやって来ても、どうしてもうまく出来ない、変身出来ないという人もたくさんいた。そういう人は、まず「人目のないところで訓練する」のがいいと思う。恥ずかしいというのは人目を意識するからであって、誰も見ていなければどんなに恥ずかしいことだってできるだろう。大きな声を出して台詞を言っても、誰も聞いていなければ少しも恥ずかしくない。

これは私の昔からの遊びなのだが、一人でテレビを見ているとき、ＣＭのナレーションを聞いて復唱してみたりする。このフレーズを自分が言ったらどんな風になるのか、声色を変えたり、スピードを変えたり、それこそ誰かの真似をして言ってみたりすると意外と面白いし、演技の練習にもなったように思う。ドラマで好きな俳優が出てきたら、その人の言った台詞を真似してみるのもいい。

かつて真田広之の付き人をしていた唐沢寿明は、ヒロの台詞をすべて暗記し、舞台本番前に同じセットで、自分がその役をやるような気持ちで練習を重ねたと言っていた。もしヒロに何かアクシデントが起これば、すぐに代役が務まったかも知れない。

一人で練習することは、演技に限らず、いろいろなことに応用できそうだ。

人前で喋ることが苦手な人は、まず誰もいないところで一人で喋ってみる。台詞を覚える要領で、原稿を書いて、それを音読して丸暗記してもいいだろう。「一人カラオケ」もそうだ。一人で歌うのなら、どんなに下手くそだろうと気にする必要はないし、音痴の人でも気持ちよく歌えるだろう。会社の忘年会などで、カラオケで歌うのが恥ずかしいという人は、一人でカラオケボックスに行って練習するといいかも知れない。

一回目はうまくできないことでも、二回、三回と繰り返していくうちにうまくなっていく。何だってそうだろう。人前でやることが恥ずかしかったら、まずは一人で練習してみよう。

演技は私に内在する

最近、いろいろな役をこなす俳優を指して「彼は/彼女は『カメレオン俳優』だ」と評する。周囲の景色に合わせて体の色を変えるカメレオンのように、どんな役でも自在にこなすという意味だろう。

自分で言うのも何だが、私は若い頃から自分こそカメレオン俳優だと思っていた。元祖カメレオン俳優を自負している。

最初にそれを自覚したのは文学座に入って六年目、三十歳を前にした一九七五年だ。この年、私は文学座の『ハロルドとモード』をやり、蜷川幸雄さんの『リア王』でケント伯をやり、再び文学座で『説教強盗』をやり、さらにつかこうへいの『初級革命講座　飛龍伝』をやっている。劇場にしても、日生劇場や紀伊國屋ホールからシアターグリーンまで、大小さまざまなところでやった。何でもありだった。

当時、文学座の俳優でこれほど節操なく、幅広いジャンルをこなす俳優は他にいなかった。劇団名からも分かるように、文学座に来る俳優は「文学的でアカデミックな演劇」をやりたいタイプが主流になっている。

いろいろな役をこなすことは役者としてとても楽しかった。その頃から、「オレはカメレオンだ。オファーがあれば、どんな役でもやってやろう」と決心した。

文学座を辞めたきっかけは『淫乱斎英泉』と『おかしな二人』を観て津川雅彦さんや杉浦直樹さんに刺激を受け、「文学座に縛られず、いろいろな芝居をやりたい」という気持ちがあったからだが、後年、若山富三郎さんに「トクミ。お前も、こんなところに来るようになったのか」と言われた例の東映のヤクザ映画や、さらに真っ赤な下着姿の坂本龍馬、『笑ってはいけない』の「乳首ドリル」にも繋がっていくわけだ。

いろいろな役をやることで「どれが本当の西岡さんなんですか？」と聞かれることがある。そのときは「どれも本当ですよ」と答える。火のないところに煙は立たない。私の中にはひょうきんな部分もあれば、残酷な部分もある。いやらしい部分もあれば、優しい部分だってある。自分の中にないものは表現できない。自分が演じる役は、すべて自分の一部を反映している。

逆説的に言えば、これまで表現できたことは、すべて既に私の中に内在しているものなのだ。

いつも色んなことを吸収しようと意識して、自分の中を知識、経験、感情で豊かにすることが、カメレオン俳優の秘訣なのかも知れない。

己を知る

俳優志望の生徒には「なぜ俳優になりたいのか？」、趣味として演技を勉強したい生徒には「なぜ演技を勉強したいのか？」と質問して、改めてスクールに来た動機を再認識してもらった。自分の長所は何か？　短所は何か？　俳優として、どんな役をやりたいのか？

役になる、つまり他者になるためには、まず自分を知らなければいけない。

自分を知るためには、自問自答が必要だ。嬉しいとき、悲しいとき、怒っているとき、なぜ自分は喜んでいるのか、悲しんでいるのか、怒っているのかを考えてみるといい。

自己責任というのは自業自得と同じように否定的な言葉と受け取られることもあるが、私はある意味で「人生は自己責任」だと思っている。

この世に偶然というものはないんじゃないかと思う。偶然のように見えても自分の身に起こることはすべて必然で、自らが招いたものではないだろうか。

いいことは、いや悪いことさえも、すべて自分の魂が求めていることなのかも知れない。物事は考え方ひとつでどうとでもなる。

例えば、志望の大学に落ちたとしよう。たまたま自分の知らない問題が出た、運が悪かったと考えるか、いやその大学に入る学力が足りなかったからで単純にもっと勉強すれば良かったんだと考えるか、或いは他に違う道があるので落ちたと考えるかだ。

大好きな恋人にふられてしまった。それは相手の気まぐれで、自分は悪くないと考えがちだが、本当にそうだろうか。自分が嫌われるようなこと、ふられるようなことをしたのかも知れない。そうだとすれば、一見ふられていても、よく考えるとふったのは自分の方かも知れない。

この世で起こることは、すべて自己責任。私はそう考えた方が、自分自身も納得がいく。

プライベートな例でいうと、私はゴルフが好きだ。その理由のひとつが、この自己責任。ゴルフは野球やサッカーといった団体競技ではない個人プレイ、だから、お前のエラーで試合に負けたとか、あのときお前がゴールを決めていれば、ということは言えない。最初のショットを何のクラブで打つか。別に最初に打つのがドライバーでなくてもアイアンでも良いのだ。次のショットを何番で打つのか自分が決める。グリーン上で「右に切れるかな」と、キャディさんに聞いたら「切れません、真っ直ぐです」と言われ、真っ直ぐ打ったら、やっぱり右に切れたとしても、そのキャディさんの言葉を選択したのは自分の責任。すべて自己責任というわけだ。確かに、運や才能ということもあるだろう。しかし、大抵のことは自分のせいで起きている。言い訳は利かない。そこがゴルフの面白いところだと思ってもう六十年もやっている。

六十歳になっても七十歳になっても、自分のすべては分からない。

七十年以上生きて、大体分かったつもりになっているが、もしかしたら、まだ水面下に自分の知らない自分がいるかも知れないし、ひょっとしたら最近芽生えた何かもあるかも知れない。それを出さないまま終わってしまうのは、いかにも勿体ないと思う。

私は輪廻転生を信じているが、この肉体での人生は一回限りだ。

まだ自分の中に知らない自分がいるのであれば、死ぬ前に全部外に出してやりたいと思う。

「己を知る」という意味でも、俳優というのは楽しい仕事なのだ。「自分」を知らなければ「他者」を演じられない。

ドラマスクールでよく生徒に言っていたのは「大事なのは自分自身」ということだ。俳優は何か物を作って売るわけではない。

俳優が売る商品は自分自身だ。その自分はオンリーワンで、この広い世界にたった一人しかいない貴重品だ。その自分のことを研究し、深く理解することが俳優としての第一歩になる。

バカじゃできない、利口じゃやらない

蜷川幸雄さんの『ロミオとジュリエット』や『リア王』で共演した六代目市川染五郎さんが、一日の稽古が終わって疲れ果てたときにしみじみとこう言っていた。

「昔から言うんだけどさ。役者というのはバカじゃできない、利口じゃやらないって。本当にそうだよねえ……」

あれから長い年月が経ち、その言葉がどんどん染みるようになってきた。確かに、

長い台詞を覚えるのはバカではできないだろう。台本を熟読して自分が演じる役の性格を理解し、観客や視聴者の心を摑むため、どう演じるかも常に考えている必要がある。一方で、舞台の上では、普段の自分からは考えられないようなバカなこともしなくてはいけない。一流の大学を出たプライドの高い人なら、絶対にやりたくないと思うだろう。テレビや映画によく出ていればまた違うが、舞台専門でやっている新劇俳優なら収入はたかが知れている。金銭的には決して旨味がある職業とは呼べない。利口な人だったら、こんな割に合わない職業は選ばないに違いない。

昔、川端康成さんの『雪国』の舞台で主人公の島村をやったとき、恋人の駒子役は十朱幸代さんんで、宿屋のご主人がベテランの松村達雄さんだった。その松村さんが舞台袖から出ていく間際、私の方を振り返って、

「バカだねえ」と言って、すました顔して出ていく。毎回だ。照れたように笑うその顔が好きだった。洒脱な人だったなぁ。

その「バカだねえ」が意味するものは羞恥心だ。普通の神経なら人前でできないような恥ずかしいことをやる。しかも、そのことが楽しいというのはマトモではないだろう。

松村さんに「オレたちはバカだねえ」と言われる度に、私も「はい、バカです」と笑って答えた。そう、役者はバカです。バカだからやっていいます。バカを承知のこの稼業という感覚だ。

映画『昭和残侠伝』で高倉健さんが歌った『唐獅子牡丹』に、「親にもらった大事な肌をスミ（入れ墨）で汚して白刃の下で」という歌詞があるが、私たち役者も親にもらった大事な顔に、色んなものを塗りたくり、人前に出てはバカなことをやっている。「バカじゃできない」と言いつつ、一種のバカであることは間違いない。

反面、自分自身にリミッターをかけている人は勿体ない気がする。「バカになる」とは、そのリミッターを外すということだ。もしかしたら「火事場の馬鹿力」というように普段はとてもできないようなことができるかもしれない。

やろうと思えばできるかも知れない可能性を、自分から制限してやらずにモヤモヤしているのは、実に勿体ない話ではないか。時にはリミッターを外してみてはどうだろう。そのためにも演技を学ぶことは役に立つはずだ。

「演技」を学ぶことで人生は変わる

ドラマスクールの生徒で、プロの俳優を目指していた者は少数派だった。そう聞くと読者の中には、「普通に社会で仕事をしている人が演技なんか学んで何の役に立つの？」と思う人もいるかも知れない。

もちろん、一番の理由は「やっていて楽しい」ことだ。例えば、小説を読むのが好きな人でも、プロの作家を目指している人は少ないだろう。プロを目指しているわけでもなく、仕事の役に立つわけでもなく、お金が儲かるわけでもない。何の役にも立たなくても、楽しいから読んでいる。

ちなみに私はゴルフが大好きだが、別にプロゴルファーを目指しているわけでもない。単純にゴルフをするのが楽しいからやっている。趣味というのは何でもそうだろう。演劇だって例外ではない。

前述したように、スクール生の中には人前で喋ることが苦手なので、それを克服したいといった人も通ってくれていた。演技の練習を重ねて舞台にも立ってみれば、人前で喋ることのハードルは低くなっていくに違いない。実際、その生徒さんもレッスンを重ねるうちに、実に活き活きとした彼自身の個性を声や表現を通して出し始めた。

他にも演技が役に立つ場面は人生で多々あると思う。

例えば、「説得力」を身に付けることができる。演技というのは、自分の感情をいかに観ている人に伝えるかが重要だ。セールスマンであれば、目の前の人にどう言えば買ってもらえるかを考えなくてはいけない。相手の心を動かし、その気にさせるにはセールストークの内容に加えて演技力も必要だろう。

コミュニケーション能力も演技を練習すると向上する。初対面の人と雑談をするとき、どんな話題を振れば相手が乗ってくるか。パーティでいきなり短いスピーチを求められたとき、どんな話をすれば場が盛り上がるか。

それは恋愛の場面でも重要なことだ。黙っていてもモテるのは、美男美女や高倉健さんくらいなもので、普通の人は好きな相手に振り向いてもらうために、いろいろな工夫をしなければならない。時には演出や演技も必要だろう。いつも優しくしているだけでなく、冷たい態度が効果的な場合だってある。そんな日常生活のいろいろな場面で演技力は必ず役に立つ。演技することで人生が広がっていくのではないだろうか。

俳優という職業

俳優という仕事を半世紀以上続けているが、いまだに飽きるということがない。

普段の生活で辛いことがあっても、面白い映画でも観ていれば二時間は悩みを忘れ、日常とは別の世界を楽しむことができる。外国の映画を観れば、行ったことのない国の風景が見られる。苦しい環境で戦っている主人公を見れば「俺も頑張らなければ」と思う。ハッピーエンドになれば、観ている自分までも「あー良かったね」と幸せな気分になれる。

映画や舞台を観ることで、現実とは違う別の世界を旅することができるのだ。その結果、今まで考えたことがなかった問題を知ることもできるし、感動して涙を流すことだってある。一本の映画や舞台を観て、人生観が変わる人だっているだろう。観る人にカタルシスを起こさせる、そんな世界に誘《いざな》える俳優という仕事は、とても楽しく、やり甲斐がある職業だと思う。

私は小学生のとき『七人の侍』を観て、とても感動した。これが私にとっての映画の原体験だ。小学校低学年には難しい内容だったはずだが、とにかく感動し、「三船敏郎さんってかっこいいな！」と思ったことはよく覚えている。

石原裕次郎さんも高倉健さんもそれぞれかっこよかったが、いまだに俳優の中で一番かっこいいのは三船敏郎さんだと思っている。まさしく、三つ子の魂だ。

『七人の侍』を観て、かれこれ七十年近くも経っているが、それだけの年月が流れても当時の感動が残っているというのはすごいことだと思う。三船さんはもう亡くなってしまったが、私の中で『七人の侍』の三船さんはいつまでも当時の姿で生き続けている。

私もいずれこの世から消えることになるだろうが、映像の中では、これから何十年も生き続けられる。今年生まれた赤ん坊が三十年後、過去に私が出演した映画を観て感動する、なんていうこともあり得るわけだ。なんと素晴らしいことではないか。

演技にも人生にも「完成」なんてない

「人間が生きていく上で完成はないな」と、時代と共に変わっていく街並みを見ていてもそう思う。最近再開発された渋谷の街も、昔から見るとずいぶん変わった。十二本もの作品をやらせてもらい、思い出の詰まったパルコ西武劇場も、十本やった東急文化村のシアターコクーンも、かつての姿は消えてしまった。しかし、たとえ形は変わっても、思い出は残り続ける。楽屋にわざわざ訪ねてきて、感想を伝えてくれた人たち。本番の合間の演出家や役者たちとのやりとり。でも決してこれが「終わり」「完成形」というわけではないだろう。新しく出来上がったものをまた壊し、再び作っていく。新しい思い出もまた増えていくだろう。その繰り返しだ。

人間も同じ。「これで完成」なんてことはない。すでに喜寿を過ぎた私にしても、まだまだ変わっていくだろう。死ぬまで完成なんてしない、未完成交響曲でいい。いや、むしろ発展途上のままが良いと思っている。

俳優になってから半世紀以上、登山に喩えて言えば、

「かなり登ったな、そろそろ頂上か？」と霧にかすむ前方を手で払い、目を凝らしてみると、まだまだずっと先まで道が続いているのが見える。この道はどこまで続くのやらとそれを楽しみながら、少し重い荷物をかついで、一歩一歩登って行くのだ。

神道に「中今《なかいま》」という言葉がある。一分前の過去の出来事、過ぎ去ったことは変えようがない、そして一分後のことは誰にも分からない。だから今自分にできることを、一つ一つ精いっぱいやる。かつて宇野千代さんが仰っていたように、常に「今に生きる」のだ。

二〇二三年に私は玉川大学の後輩でもある宮本亞門演出の舞台『画狂人北斎』で、葛飾北斎を演じた。

私は北斎同様、ひと所にいられないタチで、常により良い環境を求めて、心機一転引越しをする癖がある。これまでにも、横浜を出て、綱島、青山、経堂、若林、方南町、赤坂などなど、二十一回も引越しをしたが、北斎に至っては生涯で九十三回も引越しをしたそうだ。名画家・北斎も常に気持ちを「今」にリセットしていたに違いない。

最後の場面でこんな台詞がある。

七十歳になっても、まだ足りねえ。八十になって、ようやく少しだけ、ものの中身が見えるようになった、が、まだ足りねえ。願わくは九十で奥義を究め、百になれば神妙の域に達し、百十になったら、それこそ一点一画生きて動き出すような絵が描いてみてぇ、いや描く、俺は描く……!

私は舞台でこの台詞を口にする度に「素晴らしいね、北斎さん」と共鳴していた。


俺の芝居はこんなもんじゃない。まだ足りねえ。まだ足りねえ。

もっともっと上手くなれねぇものか、いや、なりてぇ、なってみせる。

幾つになっても、この身が動く限り舞台に立ち続けるんだ。

今までのことは、どうでもいい、大事なのはここから先を、どう生きるかだ!

マーガレット・ミッチェルの言うように Tomorrow is another day.

明日は明日の風が吹く!


これを、この本の締めくくりの台詞としよう。

あとがき

この本を書くにあたって、間違いがあってはならないと、随分と時間をかけ記憶をたどり、資料も調べ直した。ここに書かせて戴いた数々の人たち、その多くが鬼籍に入られている。その方たちにこの場を借りて改めて合掌し、感謝を申し上げます。

それにしても、何という人数の人たちと関わりを持ってきたか、感慨を新たにした。この中の一人でも欠けていたら、今の私はなかったのだから。

関わりを持つとは、相互的問題だ。受ける影響、与える影響、正に人と人の繋がりだ。実際、どの人間とも同じように、私は父母二人から生まれた。その父母にも父母がいて、祖父、祖母が四人。二、四、八、十六、三十二、六十四、百二十八、二百五十六、五百十二。十代さかのぼると千二十四、二十代さかのぼると百四万八千五百七十六、三十代さかのぼると優に一億人を超える、ここから先はもう……天文学的数字になる。

これら悠久の時を超えてきた人たちの遺伝子を綿々と受け継いでいるというこの宇

宙の摂理。私には殆どファンタジーの世界に感じられる。

人間という生き物。一体どなたが何のために創られたのか。それはまるで業のようであり、試練のようでもある。

リア王の台詞ではないが「人間生まれてくる時にオギャアオギャアと泣くだろ、あれはな、この阿呆どもの舞台に駆り出されたのが悲しいからだ」。流石シェイクスピアさん、よくお分かりだ。

この肉体は二百年も三百年も生きられるようには創られていない。せいぜいが百年という限定品が、「もういいです。もう生きているのにも飽きたから、私、そろそろいなくなってもいいです」と思う位長く生きられる不老不死の肉体を持っていたら、それはそれで「何のためにこんなに長く生かされるんだ」と疑問に思うことだろう。

いずれにしても、この与えられた定めが変えられる訳でもない。

それでは、と開き直ってこの限定品、使い切るまで大いに遊んでやろう。

それこそ「プレイヤー」の真骨頂だと思う次第であります。

最後に、皆様のご多幸をお祈りすると共に、妻・紀子へ。

数々の我儘《わがまま》を詫びると共に、その寛容に感謝しております。

追伸

本書が世に出るころには、明治座公演『応天の門』が初日を迎える予定である。灰原薬さんの平安時代のクライムサスペンス漫画が原作で、私は伴善男という役を演じる。舞台『俺節』で共演した桑原裕子さんが脚本、二〇〇八年の舞台『ＩＺＯ』で脚本を書いていた青木豪さんが演出する。

二〇二五年三月には、よみうり大手町ホールにおいて、イギリスのドキュメンタリー作家マーク・ヘイハースト作の戯曲『真夜中に起こった出来事』に出演する。翻訳はお世話になった小田島雄志さんの息子さんの小田島恒志君。演出は、『スルース～探偵～』で一緒にやった深作健太。ナチス政権が猛威を振るう直前のベルリンが舞台で、私は権力を握る前のヒトラーを法廷で糾弾した主人公の父親を演じる予定だ。

また、六月には盟友・春田純一から強烈なる誘いを受けて『熱海殺人事件』に出演する。つか君が生前何度も俺にやらないかと言っていたが、スケジュールが取れず、叶わなかったものだ。本書でも何度か書いたが、つか作品はその時代、俳優に合わせて、当て書きをして創っていく、いわば一回限りの限定品だ。ならば今回はどうする？　作家が私にやらせたかった時代に戻って、定本で行くしかないだろう。しかし、三十五歳と書いてある役を七十八歳が？

はてさて、如何なるものに相成りますことか、私自身興味津々だ。

そして秋には、『画狂人北斎』の再演が待っている。これもリニューアル、バージョンアップして、新しい構成で、より深遠な世界を描きたいと思っている。

兎にも角にも舞台尽くしの二〇二五年、皆様方には、たくさんの感謝と共に、乞うご期待と申し上げます。

或るプレイヤーの夢は続くという訳じゃ。

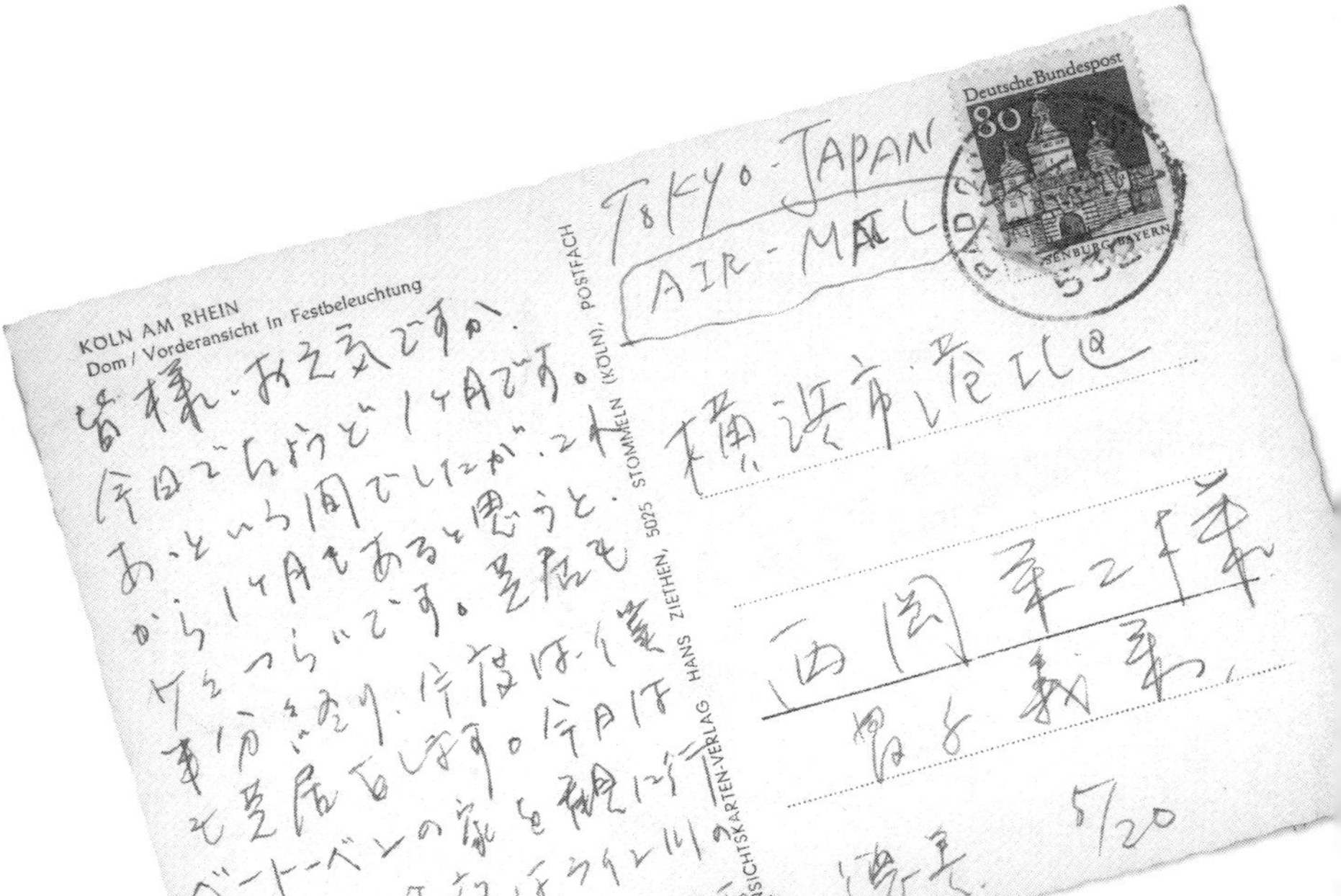
KOLN AM RHEIN
Dom / Vorderansicht in Festbeleuchtung

皆様、お元気ですか。
今日でちょうど1ヶ月です。
あっという間でしたが、これ
から1ヶ月もあると思うと、
少々つらいです。芝居も
随分見ました。今度は僕
も芝居をします。今日は
ベートーベンの家を観に行
きます。昨夜はライン川の
船の上でレセプションでした。

ANSICHTSKARTEN-VERLAG HANS ZIETHEN, 5025 STOMMELN (KOLN), POSTFACH

Deutsche Bundespost 80

TOKYO・JAPAN
AIR-MAIL

横浜市港北区

5/20

〈著者紹介〉
西岡德馬　Nishioka Tokuma
1970年に文学座に入座。多くの舞台で主演を務め看板役者となるも、1979年に退座。1989年、42歳でつかこうへい演出の舞台「幕末純情伝」に主演し、新境地を開拓。蜷川幸雄演出の舞台「ハムレット」「天保十二年のシェイクスピア」でもその存在を知らしめる。1991年には一世を風靡したドラマ「東京ラブストーリー」でヒロイン・赤名リカの不倫相手の上司役に抜擢され、お茶の間でも一躍脚光を浴びる。以降、圧倒的な演技力と作品に深みをもたらす存在感で幅広く活躍。近年はバラエティー番組でお笑い芸人のネタを全力で披露するなど、コミカルでユーモアあふれる人柄も広く知られるようになる。2024年、中国の重慶青年映画祭で短編映画「相談」にて主演男優賞受賞。同年、戸田広松役を演じたアメリカのドラマ「SHOGUN 将軍」が、単一シーズンとしてはエミー賞史上最多の18冠を受賞した。

この作品は書き下ろしです。

未完成
2024年12月5日　第1刷発行

著　者　西岡德馬
発行人　見城 徹
編集人　石原正康
編集者　森村繭子

発行所　株式会社 幻冬舎
〒151-0051　東京都渋谷区千駄ヶ谷4-9-7
電話：03(5411)6211(編集)　03(5411)6222(営業)
公式HP：https://www.gentosha.co.jp/

印刷・製本所　中央精版印刷株式会社

ISBN978-4-344-04382-4　C0095

この本に関するご意見・ご感想は、下記アンケートフォームからお寄せください。
https://www.gentosha.co.jp/e/